父母類型分析×心理營養培育×偏差行為改善……
打完整家庭教育系統，
培養孩子全面發展的實踐指南

發芽教育力

父母與孩子共同滋養的成長之道

于含冰 著

方法正確才能事半功倍！
家庭是孩子的第一所學校，父母是孩子的第一任老師
種下好根，才能收穫孩子的精彩未來

目 錄

序一　教子真有道　　　　　　　　　　　　　　007

序二　家庭教育的一道亮光 —— 生根教育　　　015

序三　根魂教育，讓父母無憂　　　　　　　　　019

第一章　父母的愛為什麼帶來傷害　　　　　　　023

第二章　父母的類型、語言模式與危害　　　　　051

第三章　孩子有成長規律　　　　　　　　　　　069

第四章　道法自然　　　　　　　　　　　　　　091

第五章　全素養教育　　　　　　　　　　　　　111

第六章　動力機制　　　　　　　　　　　　　　127

第七章　天然的成長機制　　　　　　　　　　　141

目錄

第八章　自動奮發的心理機制　　　　　159

第九章　超越自我的思想機制　　　　　179

第十章　持之以恆的信念機制　　　　　187

第十一章　閱讀和遊歷　　　　　　　　201

第十二章　讓孩子的人際關係更融洽　　209

第十三章　學涯規劃，邁向卓越　　　　223

第十四章　家庭教育需要高效溝通　　　235

第十五章　愛上學習的系統機制　　　　251

第十六章　偏差行為的因果邏輯及其改善　261

序一　教子真有道

一

　　茫茫人海，際遇最堪回味，心路獨一無二，行旅南轅北轍，呈現了人世間的千差萬別，大千寰宇的千紅萬紫。悠悠萬事，育人獨領風騷，教壇五彩繽紛，教法林林總總，匯成一代又一代教書育人的樂章，也結晶了幾多含金蘊玉的教育經典。

　　日前，在網路社群交流中，我結識了本書作者于含冰先生。盛夏時節，含冰發來即將付梓的新作，盛邀我作序，我有了先睹為快的機會，也饒有興趣地了解了他坎坷而豐富的生涯。

　　他是一位奇人。

　　他曾經是內蒙古扎蘭屯家境十分困苦的鄉下孩子，只因堅守著「書中自有黃金屋」的憧憬，和「咬定青山不放鬆」的信念，白日下河拉河中石、上山砍柴採藥賺錢供自己讀書，在零下40度寒冬裡，睡在倉房奶奶的壽棺裡堅持夜讀（因十口之家，住房擁擠），一步步實現了隨遇昇華的系列之夢。

　　他的第一個夢想──到城市裡上大學。1979年起，他一連四次參加升學考試，放棄了已考取的專科，終圓「天之

驕子」夢想，考取大學。

他的第二個夢想——從窮人變成富人，解決全家人「脫貧」奔「小康」之需。1986年9月大學畢業後被分配到大學任教，講授「機械設計」課程，他備課、講課精益求精，學生、校長對他讚不絕口。他還號召組織聯合會並擔任會長，帶領年輕教師進行科學研究、寫論文、舉辦講座。後因無法改變清貧，三年後他參加公務員考試，在4,000名考生中獨占鰲頭，進入政府工作。其間，1990年，他籌措20,000元本金，買了興櫃股票⋯⋯理念決定勝負。到1996年，他工作晉升，也實現了從窮人變富人的理想，擁有數百萬財富。

他的第三個夢想——讓孩子成為學貫中、西的菁英人才。他辭去公職，轉為培養自己孩子，奔走於中國與加拿大等國家之間，指導孩子遊走於中、西學校之內，終使孩子獲得傑出社會貢獻獎，讀了4所世界名校，精通5種語言，遊歷過世界100座名城，2013年大學畢業，先後去聯合國、歐盟實習，因社會貢獻傑出、EQ高、具有國際化視野及領導力潛能，被加拿大外交部破格錄取。

他的第四個夢想——為千家萬戶培育優秀後代，為民族造就棟梁之材。他育子成功的案例在華人社群很快便流傳開來（其間，他成了溫哥華東北商會會長），人們紛紛前來求教。他與妻子先是在華人社群一家一家指導，接著註冊了

國際菁英教育集團，開始研究系統性的教育理論，在一個個城市推廣開來，再到中國瀋陽、東北、內蒙古等地拓展。目前，至少有 30 萬父母經由不同途徑聽過他的課，面對面服務超過 2 萬家，一對一「因材施教」1,000 多家，送進世界名校的學生超過 1,000 名⋯⋯每個人的經歷，都是對自己人生的實驗。奇異的經歷，成就了奇人于含冰。

二

　　家風立家，家教育子。誰的家教占據了制高點，誰就搶先占據了生命開發的高地。對於第一任且終身不失業的子女的教師──父母來說，孩子是希望，是明天，是家庭發展最大的亮點和成長點。你縱然有 100 種光環，揮不去育子不力的暗影；你縱然有 100 樣幸福，抹不平育子無術的痛苦；你縱然有 100 件事的成功，彌補不了育子無能的失敗。

　　于含冰育子有奇法。

　　他主要的方法是：從孩子童年起就早早抓住了「五心」教育──鑄魂（中華心）、定位（英才心）、揚長（好奇心）、賦能（智慧心）、培根（公德心），為孩子打造了一部「愛學習、拿高分、上名校、早成功」的引擎。

　　當別人帶孩童學才藝、學英語，做超前教育，于含冰教給 1991 年 12 月出生的兒子于奇正的卻是唐詩宋詞、清朝歷史，帶孩子四處遊歷、見世面。奇正 5 歲半就能背誦 300 首

序一　教子真有道

唐詩宋詞，遊歷過 5 個國家和地區；對清朝歷史非常熟悉（外祖父母家是滿族）；能講述很多見聞。

當別人帶著孩子像陀螺一樣，奔走於表定的補習班時，于含冰卻帶孩子對音樂美術、體育舞蹈、文史科哲、琴棋書畫等進行多元嘗試和體驗，喜歡就學，不喜歡就棄，保護、激發其好奇心，並憑其「見多識廣」和與生俱來的「善說」稟賦，感知「領導力」是孩子的一大優點，決定讓他提早上學，和大一歲的同學相處，訓練孩子的覺察、表達與溝通能力。

孩子在中國讀了 3 年小學後，2000 年 10 月，他和妻子攜子赴加拿大入學，開始了西方與東方幾番輪流學習的融通教育。

當別人聚焦於孩子的分數、排名時，于含冰卻看重孩子的能力和修身養性、為人處世的根本。幾年內孩子成績倒數第一也沒關係，他從未因此批評過兒子，都不曾生氣，因他相信，根深葉茂，源遠流長。孩子讀高中時智門大開，成績進入「突飛猛進」期。

當別人焦慮孩子的升學考試以至未來的就業時，于含冰卻為兒子的高中階段設計了社會公益專案。即建立一個社團，幫助來自世界各地不同種族的孩子盡快適應在加拿大的生活和學習，21 個學生跟隨奇正經營這個社團，畢業時奇正獲得傑出社會貢獻獎，他的學習成績也衝至一流，哈佛、劍

橋、多倫多大學等多所世界名校向他伸出橄欖枝。奇正選擇了英屬哥倫比亞大學。

方法是智慧的精華。方法不對，幾等白費。方法正確，事半功倍。

三

如今，家庭教育問題叢生，各種理論逐浪，一同湧進教育「市場」，一時之間，父母們雲山霧罩，不知所向。

正逢此時，于含冰的書問世了。

該書視野高，立意深，為家庭教育定義精準：家庭教育是一個人成長的「奠基工程」，其主旨內容是「品德教育」。在于含冰眼裡，父母應該且必須履行家庭教育的主要責任，培養孩子落實「四有」——有道德、責任、理想、信念的基礎，直接奔向「愛學習、拿高分、上名校、早成功」的因果大道。

該書在理論建樹上落地生根，為廣大家長提供了既科學又適於實踐操作的幾個理論系統。

一是作者匯集古今中外教育大成，形成獨家的「樹理論」系統。

工欲善其身，必先利其器。作者以《道德經》道法自然的哲學觀為根基，向自然界的大樹學習，提出、建立了「樹理論」的理論系統和課程系統，即家庭教育要先為孩子「生

序一　教子真有道

根」——道德、責任、理想、信念。根深，果一定豐碩；守護自尊心；配合體制教育；培養高 EQ；培養奉獻精神；培養孩子意志力⋯⋯這一項理論的確立及闡述掌握了根本，精確而形象化。

二是提出了「潤化」生命的「全素養教育理論」。

隨風潛入夜，潤物細無聲。潤化生命的「全素養教育理論」，是從相信種子、相信歲月的理念出發，不需要求、不需命令，把孩子引領到有如厚德載物的土地一般的「培養基」上，去嘗試、感覺、選擇（自我教育），發現興趣方向，做延伸教育，假以時日，靜待花開，孩子終究會成為最好的自己。偉大的教育家瑪麗亞・蒙特梭利（Maria Montessori）說：「兒童是成人之父」，當父母把兒童放到全素養的「培養基」中，他會引領父母做教育。

三是獨創的父母教育系統和學生學習動力教育系統，其理論根基和核心教育內容都是中華傳統文化的血脈。

該書依據樹理論和兒童發展理論，建立了父母課程系統，讓父母成為家庭教育專家；依據「生根理論」，建立了「3 — 5 — 7 學動力教育系統」。

作者著意指出，學動力系統強調父母和孩子同學共修，家庭成為一個「學習中心」。課堂上有專職老師講課，課後回到家裡要全家共同研討，父母實施引導、提升並落實到日常

實務中。這是作者創立並恪守的「教、學、做」的教育理念，貫穿於全部教育過程。

作者寫書與師者授課一樣：傳道、授業、解惑。面對家長，本書開頭兩章直擊問題，「當頭棒喝」，敲響警鐘；接著闡述生命規律、教育規律；再後面說「法」言「術」，形成一條問題、解題、答案的完整鏈條。此書以問題為主軸、以應用為導向，是一部百讀不厭的案頭書。

如今，以資訊化、人工智慧化為代表的教育現代化促使教壇發生日新月異的嬗變，家長們應該突破習慣性從眾的羅網，要學習獨立思考、超越精進，對孩子做出最適當規劃，不妨參照本書的觀點和方法，走出一條適合自己孩子的家教之路，為家庭、為社會托起明天的太陽。

傅東纓

序一　教子真有道

序二　家庭教育的一道亮光 ──
生根教育

　　當我讀到于含冰家庭教育書稿中的生根教育時，禁不住好奇心的驅使，把他闡述的生根教育理論看個究竟。

　　什麼是生根教育理論？

　　書中是這樣表述的 ──

　　人的成長動力來自哪裡？萬物生長先生根，根是動力來源。

　　生根的過程有三個特點：

　　1. 生根是在土地裡面發生的；人眼是看不到的，但它確實存在。

　　2. 根生長具有方向性，一定先向下扎。

　　3. 當最先生長的主根向下扎到一定程度的時候，主根上開始生出副根，向寬處扎、向斜深處扎。

　　根是生命成長的動力來源。根立住了，就「本立而道生」了。我們的孩子就是一粒種子，必須做生根教育。生根，就是培養孩子「道德、責任、理想、信念」，這是孩子的學習動力。

接著,他在書稿中進一步陳述生根的最「優質養分」是什麼呢?

為孩子生根的最「優質養分」是傳統經典文化。傳統經典文化有助於民族自信的培養,同時,也解決孩子們困惑的「為什麼學習」的問題,是培養孩子學習動力最好的教育策略。據此,建立了父母和孩子同學共修的「3－5－7學動力教育系統」,弘揚優秀傳統文化。

用傳統文化教育,使孩子的學習興趣提升為使命,這是孩子成長的最大動力。

在實施素養教育中,最重要的是「生根教育」,使孩子人生有方向、學習有動力;在發展素養教育中儘早發現孩子的興趣和生命潛能方向,在孩子的興趣和生命潛能方向上給予更多的優質養分,做「揚長」教育;父母透過和孩子共同學習傳統文化,為孩子「生根」——培養家國情懷、樹立遠大理想、錘鍊頑強意志、建立深度邏輯思考,實現家庭教育的根本目的。

于含冰「生根教育理論」的建構源於他教育自己兒子的經驗整合。于含冰對自己教子經驗歸納了四點:

1. 從小一直針對孩子的好奇心做教育。透過多元嘗試、多元體驗,開發孩子智力,不要求,不命令,順其自然;

2·一直為兒子做生根教育。用傳統文化滋養，培育兒子的民族自豪感；

3·經由大量遊歷見世面。從小到大，帶孩子遊歷過100多座世界名城和大學，開發和培養孩子的語言天賦，引發深度閱讀；

4·經由長期從事社會公益活動，讓孩子了解社會，並學以致用。

于含冰在培養自己孩子和擔任上千家家庭教育顧問的教育實務基礎上，融會古今中外教育精華，打造出的家庭教育「生根教育理論」對我們有著重要的啟示。

于含冰的生根教育理論和實踐，充分證明了家庭教育的根本在於立德。父母要把立德樹人作為家庭教育的核心內容。一個人的人品不是考試能夠考出來的，而孩子的人品恰恰是家庭教育要著力培育的。一個孩子的價值取向正確，啟發學習力，往往在考試中絕不會敗下陣來，這就是生根教育與考試成績的連帶關係。在家庭教育中我們要教育孩子明大德、守公德、嚴私德，發揮潛移默化的道德啟蒙作用。

雷振海

序二　家庭教育的一道亮光——生根教育

序三　根魂教育，讓父母無憂

萬物勃發，盛夏流光；百花競放，四溢芬芳；千鳥歸至，不同凡響。

恰這大好時期，欣聞含冰著述，心悅之情難掩，遂命筆寫千言，聊表恭賀之意。

有成果，才是硬道理。

有教育家說：「一朵具體的花，遠勝過一千種真理」。

作者夫婦受聘上千個家庭、擔任家庭教育顧問，一對一因材施教，一手指導家長，一手把握孩子的學動力教育，在他們的培養下，1,000多個華人後代因德才兼備而跨進世界名校和國際高階職場。

碩果纍纍，光芒耀眼，一個、兩個成果可能出於偶然，15年連續出現成果、大量出現成果，說明其教育理論和課程、教育原則和方法一定是科學的、系統性的、確實有卓越實效性的。

大道至簡，化生萬方。

家庭教育到底要教孩子什麼？父母到底要具備什麼樣的素養和能力？

序三　根魂教育，讓父母無憂

　　作者以《道德經》道法自然哲學觀為根基，提出「樹理論」。樹怎麼成材，人就應該怎麼培育。「樹理論」揭示了「萬物生長先生根」的天道，從胎教開始的「做人教育」就是為孩子生根，即培養孩子「道德、責任、理想、信念」，「根」就是孩子的學習動力來源，從小培養孩子「道德、責任、理想、信念」，孩子未來一定會立大志、愛學習、會學習、揚特長、強素養、圓夢想。以樹生長特點為法（一定向上長），父母要保護好孩子的好奇心和自尊心；以枝為法，父母要培養孩子高 EQ；以葉為法，父母要培養孩子奉獻精神；以樹生長的自然環境為法，父母要培養孩子頑強的意志力……

　　作者明確提出父母的素養和能力模型：一、懂生命規律；二懂教育規律；三、有傳統文化素養，這是為孩子生根的最優質養分；四、和孩子做「學伴」，一起同學共修學動力課；五、和孩子在家庭中學以致用，放到實務中；六、營造教育環境，支持孩子進入「生根」的社會教育，多元嘗試、多元體驗；七、精通高效溝通技術，會傾聽，說對話，溝通力就是教育力；八、為孩子做好榜樣，身教永遠勝於言教。

　　樹的種子要生根，一定先把種子放進土地裡「潤化」。為孩子的生命生根，就要將孩子的生命放進一個類似厚德載物的土地一樣的「培養基」上，營養好，營養豐富，讓孩子多元嘗試、任孩子自覺選擇（自我教育），不需要求、不需命令、不需要懂和會，靠薰陶、憑感覺，發現孩子興趣方向做延伸

教育並建立使命，假以時日，靜待花開，孩子終究會成為最好的自己。作者把「潤化」生命、類似土地的培養基定義成「全素養教育」概念，建立了全素養教育理論，提出了全素養十大教育，為自然生命提供全面的、豐富的好營養，並發現和幫助孩子成為最好的自己。偉大的教育家蒙特梭利說：「兒童是成人之父」，當父母把兒童放到全素養培養基中，孩子就會引領父母做教育，除非父母不懂孩子的「指令」。

作者建立的學生學動力教育系統，為孩子做「生根教育」，倡導父母必須和孩子同學共修的理念，十分難能可貴！

不忘初心使命，做家庭教育領域引領者。

家庭是人生的第一所學校，父母是孩子的第一任老師，家庭教育育人這是伴隨終身的大事。

作者於2008年創立國際菁英教育之初，就確立了「為民教子，為國育人」的教育使命，為家庭教育生態重塑持續提供系統解決方案，為學校育人教育持續「補位」，家庭、學校、社會協同，五育並舉，培養時代人才。

作者在大學從教辭職，在政府從政辭職，為的是走出體制、實現自己的教育理想──憑一己之力推動家庭教育，他帶著使命做教育。大處著眼，小處著手，歷經15載，終獲數萬父母信賴。以德才兼備為標準，從普惠的「有教無類」──父母教育、學生學動力教育，到「因材施教」的個性

序三　根魂教育，讓父母無憂

化教育以及留學、升學的高階教育，已經幫助上千個中華學子進入了世界名校和國際高階職場……而今，雖成就斐然，但仍不釋擔當，繼續奮進。

溽暑將退，金秋必臨。

李錦韜

第一章
父母的愛為什麼帶來傷害

孩子的問題是一面鏡子,使父母用來看清自身問題以求改變。

父母一直都高舉著愛孩子的旗幟,但為什麼父母給孩子的愛卻成了傷害?

父母們一心期待孩子好好學習,不斷超越,拿高分、上名校,為父母爭面子,為自己創未來。為此,父母們不惜花費大量的精力、大把的金錢,甚至有很多媽媽為了孩子放棄了自己,做起了全職媽媽。但卻發現,父母們的愛,並沒有換來想要的結果。一個小時候好端端的孩子,卻變成了一個與他們期待正好相反的樣子!拖拉、不自立、沒有責任心、沒有目標動力、厭學叛逆、溝通障礙、網癮早戀、犯罪自殺……這些孩子的問題或問題孩子到底是怎麼造成的?父母們深深地陷入了怎麼拔也拔不出來的焦慮泥潭、無邊苦海……我在此鄭重地提示大家:所有問題的向好轉變都來自父母自身的覺醒。

《道德經》云:「上士聞道,勤而行之;中士聞道,若存若亡;下士聞道,大笑之。」在本書的第一章裡,我們首先一起來檢討那些錯誤的教育。讓我們懷著對教育的敬畏之心

第一章　父母的愛為什麼帶來傷害

和對孩子的真愛之意,從學習的大門進入,開啟我們培育優秀後代、辛苦並美好的旅程吧!

什麼是溺愛?簡單地說就是過分呵護。它是描述監護人或照顧者與孩子之間關係的一種特徵,監護人或照顧者給了孩子不合理的物質和情感滿足與保護,而它的後果是妨礙了孩子試圖獨立思考、做出自主行為的任何努力。溺愛表現在以下幾方面:

1. 物質上超滿足

孩子饞嘴貪吃,每到餐廳就讓孩子先點自己喜歡的;孩子要名牌,買一雙運動鞋竟然要花數千元;要電子產品,手機、iPad、電腦至少有一、兩種⋯⋯孩子要什麼給什麼,要月亮不摘星星,要一個給兩個。90%的中、小學生已接觸電子產品;據2021年網路調查,六成中、小學生擁有自己的電子產品,這是物質上超滿足的一大「罪證」。

物質上超滿足就毀掉了孩子的道德。物質上超滿足長大的孩子自私虛榮、唯我獨尊、意志力薄弱、遇難就退、遇挫就棄,在家「小霸王」,在外是狗熊。在物質滿足上,我們主張按「基本溫飽」原則對待,少滿足、延遲滿足或不滿足,絕不可以超滿足。《誡子書》言:「靜以修心,儉以養德。」

2. 生活上一手包辦

穿衣服、吃飯、洗衣服、洗澡、收拾餐桌、打掃環境、收拾書包、整理書桌、家庭購物、買菜做飯、迎來送往等一

切家務，都是父母一手包辦，孩子真的是飯來張口、茶來伸手。一位9歲男孩的媽媽來找我，說他的孩子在學校裡被歧視了，怎麼辦？我問她原因，她說「兒子同學說他殘疾」。因為踢足球時，球來到他腳下，他不管身邊是誰，是哪一隊的，只管一腳就把球踢出去，結果球傳到了對手腳下，我問這位媽媽，孩子9歲前我們家庭怎麼做教育的？交談中她告訴我一個資訊：孩子現在9歲了，吃飯還要父母追著餵，自理能力非常差，很怕承擔責任，沒有團隊精神，沒有競爭意識。這樣的孩子能受到同學歡迎嗎？

　　某大城市一名國中體育老師跟我講，冬天上體育課，先要在操場上跑兩圈熱身，一個女孩鞋帶鬆了，自己也發現了，但仍繼續那麼跑著，老師提醒她有危險，告訴她繫上鞋帶再跑，她竟回答「我不會繫」，因為每天出門，鞋帶都是父母幫忙繫好的。該校的另一個男生，穿著羽絨服出來跑步，拉鍊開著，衣服大敞，跑起步來拖泥帶水的，老師提醒他拉上拉鍊，他說「我不會拉」。凡此種種，不一而足，如今的青少年身上這種事屢見不鮮，比比皆是。

　　父母在生活上一手包辦就毀掉了孩子的責任。這樣的家庭培養的孩子不知什麼是責任感、學習做事專注力差、獨立性與自理能力低下、好馬虎、易拖延、學不主動、習無動力、成績每況愈下。而全面地、經常地做家務，是開發大腦智力最簡單、最經濟、最長效的方法，結果都被父母的錯誤

第一章　父母的愛為什麼帶來傷害

教育給毀掉了。我們都知道，學習、做事的生物基礎是大腦，把開發大腦的機會砍掉了，還要孩子有好成績，這是不是「錯亂了」？正是呼應了那句話——你砍掉了我的翅膀，卻還要我飛翔。

哈佛大學有個關於做家務的研究，稱作格蘭特研究。在長達40年的研究中，研究團隊長期追蹤調查了465個孩子，得出三個重要結論。一是從小做家務的孩子，完成學業後到了工作職位上，薪水比不做家務的孩子高5倍；二是從小做家務的孩子比從小不做家務的孩子就業率高15倍，而犯罪率僅為其1／10；三是從小做家務的孩子懂得同理心，會換位思考，他們的人際關係比不做家務的孩子更加良好。

3. 思想上多代替

孩子寫作業遇到了難題，有些父母不引導孩子積極主動地思考，不引導孩子請教老師，也不引導孩子去向成績較好的孩子請教，而是自己直接接手了，他們向孩子講解一通，把整個題目重做了一遍，孩子吃了現成的「速食」；孩子考試丟了20分，父母不教孩子怎麼檢查試卷、分析錯題，而是拿來孩子的試卷，直接幫孩子做分析，向孩子講解錯題的原因，把孩子的知識缺口也補齊了，還在練習冊上找來練習題，讓孩子再演練一遍。好累呀！那對孩子的愛「超載」啦！孩子遇到了人際關係障礙，和同學產生衝突，對某位老師有不喜歡的情緒，父母不去引導孩子獨立思考、尋找原因、想

辦法改善，怕浪費孩子的學習時間，所以父母直截了當地告訴了孩子「答案」——做法。

父母不懂得幫助孩子解決學習問題的因果。孩子學科上有問題，只要父母接手幫忙，就破壞了孩子的思考力、專注力以及對老師的敬重、對學習「傑出人士」的崇拜！父母也不懂得幫助孩子清除人際關係障礙的邏輯。孩子一遇到人際關係問題，父母就馬上給「答案」，這會讓孩子產生依賴，滋生懶惰，凡事父母都能幫我搞定，使孩子變得不愛思考了，分析問題、解決問題的能力一定會越來越弱。

《論語‧述而》說：「不憤不啟，不悱不發。」就是強調要先讓孩子自己深入思考，再去點撥。總之，思想上多代替就會毀掉孩子的智慧。這樣培養的孩子，思考力越來越差、專注力越來越差、主動性越來越差、學科能力和學科成績越來越差。

4‧放縱

孩子想做什麼就做什麼，無規無矩，甚至無法無天。2019年10月，一名國中學生顏某，手持板磚，趁班導黃老師不備，在其身後連續重重地砸了老師9下，當即把老師砸昏在地，老師被送進醫院搶救，2020年2月，因搶救無效，這位老師離世了。學生顏某為什麼要下狠手呢？只是因為他「在校違規騎車載人」，被班導「訓了幾句」，並處罰了一節課。經調查，學生顏某是一個不愛學習、無規無矩、調

皮搗蛋的學生。老師被砸死了，顏某的人生也被毀了。悲劇的根源能怨學校嗎？能怪社會嗎？這是家庭教育從小對孩子無邊界放縱的結果。這樣的孩子即使讀了明星學校，將來也上了知名大學，會成為人才嗎？若你是老闆，你會給他機會嗎？無獨有偶，2023年1月，另一名14歲的少年徐某，騎著改裝的摩托車，聲音震天響，引起了交警的注意，於是交警攔截臨檢，發現駕駛人是未成年，違規駕駛，且無證件，同時還發現此摩托車是無牌車，決定扣留徐某，等待警察來處理，而這個僅14歲的孩子，竟想逃跑，而且對交警大打出手，用安全帽猛砸交警，在交警予以制伏的過程中，將交警咬傷，可謂氣焰囂張！14歲的孩子，就敢襲警！孩子為什麼會如此無法無天？究其原因，你都可以發現，孩子從小被家庭教育放縱了。

放縱就是殘害。被放縱長大的孩子，不愛學習、蠻橫無理、人際關係差，非常容易走上犯罪的道路。

5. 過分關注

2022年暑假我們90人去韶山遊學，有一位媽媽帶著8歲的男孩一起參加。在吃飯的時候，她的眼睛總是注視著在其他桌上吃飯的孩子；在行進的時候，她總會對身在另一個組的兒子噓寒問暖、問長問短：「渴不渴？」、「熱不熱？」、「你擦擦汗！」；在研習景點，她不注意聽講師在說什麼，而是一直圍繞在孩子身邊……媽媽的注意力離不開孩子，這會嚴重

影響到孩子的獨立性培養。不僅如此，研習隊伍分成了幾個組別，每個組都要有一名「排頭」舉隊旗，這是一件讓孩子覺得驕傲的事情，因此孩子們每天輪流去做，但這個孩子拿到舉旗權後，第二天就不願意輪流給別人了，我們要求按規矩執行，他就止不住地放聲大哭起來，孩子的自私本性暴露出來了。一個自私的人，是不可能有人際關係的，別人是不會給他機會的。

以上我講了五個方面的溺愛，事實上，在家庭教育中，各方面都有溺愛現象，而且相當嚴重。

我想聊一聊我培養兒子的故事。在物質滿足方面，我們一直按「基本溫飽」原則對待他。他上小學訂校服，訂三年級的，穿半年就把衣服放大一點，一套校服穿三年；家裡若有客人，孩子上桌吃飯不許坐正座，一定是坐在側邊；到餐廳吃飯，他一定是最後一個點菜，而且只能點一個；兒子5歲以後，我們的家庭經濟條件是非常好的，我們夫妻和他談，你不是創造財富者，而是消耗財富者，所以要節儉。他穿的內褲、襪子都是帶補丁的，外婆不允許浪費，想新一年，舊一年，縫縫補補再穿一年。在生活上，兒子所有自己的家務都是他自己做，8歲就會做家常飯菜了；待人接物由外婆親自指導，按照《弟子規》來要求⋯⋯整個小學畢業以前，我們就是這樣教育孩子的。因此他能讀4所世界名校，精通5種語言，21歲半，就被加拿大外交部破格錄取為外交官。外

第一章　父母的愛為什麼帶來傷害

交官的這個職位設計是要求有政治學碩士學位的,全世界每年畢業的政治學碩士有幾十萬名,我的兒子是黃皮膚、大學生,為什麼被破格錄取?原因有下面幾條:一是傑出社會貢獻,他做公益4年多,獲得過傑出社會貢獻獎;二是高EQ,特別善於待人接物、與人相處;三是國際化視野,他遊歷過100多座世界名城,精通多種文化語言;四是擁有優秀的領導力潛能。

管中窺豹,家庭教育決定了孩子的人生成敗!

唯分數論

什麼叫唯分數論？就是格外注重考試成績，以考試成績作為對學生評價的唯一標準，幾十萬甚至上百萬的孩子在同一張試卷上「賽跑」。唯分數論，導致高中教育、國中教育異化，所有的孩子都學一樣的教材，考一樣的試，抹殺了孩子的個性！

學校教育教知識、求升學，追求分數就是追求「果」；家庭教育教做人、求成就，培養學習動力就是掌握「因」。如果就求果不顧因，教育一定會出問題，因果大道是天道，不可逆。然而，事實上90%的父母就是目光短淺、隨波逐流，在家庭教育中，只求分數而不論因。

唯分數論主要表現在以下幾個方面。

1. 父母對孩子的分數高期望、高標準、高要求。練習冊做得越多越好；補習補得越多越好；考試分數越高越好；下次考試低於上次，父母接受不了，直到得滿分。因此，孩子幾乎把全部時間都放在學習上，不是在學校的課堂裡，就是在去補習班的路上，幾乎沒有體育、沒有音樂、沒有大自然⋯⋯

2. 父母對孩子物質上要什麼給什麼、包辦一切生活所需，孩子只需要全身心地學習就行了，所以孩子名牌在身、電子產品在手；所以孩子茶來伸手、飯來張口；所以孩子肩

第一章　父母的愛為什麼帶來傷害

不擔擔、手不提籃,因為有「保母」。

　　父母唯分數論的最終結果是怎樣的呢?孩子的自信心越來越差,因為做不到無限超越;孩子害怕失敗,因為失敗了父母就失望、就指責;孩子沉迷於網路之中,那裡可以找到親密感、歸屬感、成就感;孩子學習成績不停地下滑,父母的焦慮就自然而來,孩子也沒有好日子過⋯⋯而父母的指責、嘮叨、抱怨、要求、加碼,勢必導致溝通障礙、叛逆、自我放棄⋯⋯政府、媒體多次做過調查,研究名校榜首,發現這些升學考試榜首,幾乎都是在沒有父母「壓迫」之下,自主學習,他們陽光向上、博學多識、善於思辨、藝體兼修,是快樂學習成功的樣子,是孩子應該有的樣子,我稱之為「榜首現象」。正確的教育就是能夠做到讓孩子在快樂中學習!

催吼罵打

催,就是催促。父母對孩子做事效率不滿而對孩子做出催促的行為。

由於催促的目的沒有按父母預期達成,他們便對孩子進行帶有暴力特徵的激烈行為,程度由低到高,分為吼、罵、打。

孩子起床起得慢、孩子吃飯吃得慢、孩子走路走得慢、要到睡覺時間了孩子作業還沒寫完,等等。日常生活中的各方面,父母都要不停地催促。父母在家庭教育中,不是從建家規、做家務、賦予孩子權利與責任開始,去訓練孩子的思想觀念、提高孩子的行為效率,到了父母認為的最佳時機,父母卻向孩子要求效率了。孩子剛剛上一年級,還沒有學習能力,也沒有學習習慣,更沒有學習意願,而父母認為孩子上學了,就要像個學生的樣子,就應該具備學習素養,陪著孩子寫作業,老是覺得孩子慢,於是就不停地嘮叨、催促,卻發現,父母越催促,孩子越慢!到了四年級,孩子厭學了,頂嘴了,不聽話了。但父母還不做反省,而是變本加厲,催不成,就肆無忌憚地開始吼叫甚至罵人、打人。孩子剛剛上學,是一張白紙,還沒有學會如何學習,這正是應該培養孩子學習能力、學習習慣和學習意願的關鍵時期,父母卻不顧孩子的心理感受,一味地跟孩子要求結果,這哪是人

性化的教育啊!不符合孩子的生命成長規律,也不符合教育規律。想想看,你是一位新員工,剛進到一個企業裡,不給你培訓,就要求你勝任工作,而且每天老闆總在你眼前,你不慌嗎?你心理感受會好嗎?你在做事,老闆就站在你的身邊,還不停地催促你,你不心煩意亂嗎?感受不好,心煩意亂,沒有面子,你還能高品質地完成工作任務嗎?還會愛上這份工作嗎?

凡是催吼罵打,一定破壞孩子學習的心理感受,使孩子心煩意亂,會讓孩子認為「學習是萬惡之源」。不上學時什麼問題都沒有,是媽媽的好寶貝,然而一上了學,全變了!自尊心受到傷害,自然會使責任心下降;責任心下降,就導致自信心降低;自信心降低,上進心也會隨之崩塌。孩子不上進了,父母能得到催吼罵打想要的結果嗎?很多父母,正在做的與想要的結果正是南轅北轍。催吼罵打是父母無知又無能的表現,不立即開始學習改變,孩子就注定會成為犧牲品。

和別人家的孩子比

父母們總愛把自己孩子的不足和別人家孩子的傑出優點做比較,希望自己的孩子奮發努力趕上乃至超越對方,天天嘴裡就是「別人家的孩子」。這種比較本身就透露出父母對孩子不滿意、失望、抱怨、恨鐵不成鋼的內心要求。

我們父母不專業,在教育上就會永遠一葉障目、掩耳盜鈴,永遠只談自己想要孩子如何做,而從來不去體會孩子的心理感受如何,不看孩子的表現和反應是什麼,當父母拿自己的孩子和別人家的孩子做比較時,其實就等於父母試圖把每一個孩子身上的優點全部都提取出來,然後拼湊成一個自己心裡的完美孩子,就拿自己心裡這個完美的孩子做標準,跟自己的孩子去做比較,請問這公平嗎?這合理嗎?這科學嗎?

假如你的父母希望你學習成績優異,個子長得像姚明那麼高,鋼琴彈得像郎朗那麼名聲大振……你認為這可能嗎?那是孩子你無論如何努力都到達不了的彼岸!在這樣的情形下,孩子能感受到父母的真愛嗎?所有把自己的孩子和別人家的孩子做比較的父母,對現實中的孩子都不是真愛,他們愛的是他們心裡的那個完美的孩子。假如家長把自己的孩子和別人家的孩子比較,真的就是為了激發孩子的上進心、提振孩子的競爭士氣,希望孩子以昂揚的鬥志、不屈的精神、

第一章　父母的愛為什麼帶來傷害

必勝的信念投入學習,結果一定是恰恰相反!

當父母經常這樣把自己的孩子和別人家的孩子做比較,一年、兩年過去,當孩子感受到父母真愛的是他們心裡那個「完美的孩子」時,孩子會非常難過、沮喪,面對一個高高的標準,他不論怎麼快速奔跑、拚力跳起,都無法達到那個高度,於是,自信心就大大下降,鬥志就越來越低,覺得自己越來越糟糕;他感覺到自己在父母心目當中越來越不堪,越來越讓父母失望,他覺得有愧疚,而愧疚是最深、最強的負面能量情緒,於是,孩子覺得活著沒有價值感;雖然一瞬間,他大腦的思想裡決定要奮力打拚,但是,他內心沒有愛的力量啊!自信心是一個人能夠向前的基礎動力,孩子缺乏自信,就像車子沒有汽油。駕駛者想往前開,但是沒油了,怎麼向前開?於是就趴在原地不動了。從此,這個孩子會一蹶不振。

教育特別忌諱和別人家的孩子比較,典型的「長別人孩子威風,滅自己孩子士氣」,一比就把自己的孩子比死了。

當眾批評

　　父母在除了自身以外的任何人面前,對孩子所做的批評都叫做當眾批評。

　　人與生俱來具有高自尊需求。社會上所講的「面子」,就是人對尊嚴的需求。在人的個性特質當中,自尊心是首要的,此外還應該包括責任心、自信心、上進心、自制力、意志力等。孩子的自尊心是一棵小樹苗,很脆弱,經不起「風吹雨打」,在培植和保護孩子自尊心的前提下,如何做對教育、做好教育,是非常專業的工作,考驗父母們的教育智慧、教育能力以及教育耐力,教育做得對、做得好,孩子的自尊心小樹苗就逐漸變得茁壯,直到這一棵小樹苗長成參天大樹,才能經得起狂風暴雨。

　　80％的父母因為不懂教育,缺少教育智慧,會在別人面前批評自己的孩子。孩子在學校犯錯,老師打電話向父母投訴,要求父母立即來學校討論孩子問題,絕大部分父母到了學校,一定會在老師面前把孩子狠狠地批評一頓,因為他們擔心不懲罰孩子就會惹老師生氣。他們不敢得罪老師,覺得父母一定得給足老師面子,否則,叫父母來學校做什麼?父母除了現場批評孩子外,還要對自己的家庭教育情況作深刻檢討,並表態,回家之後一定「檢討」,一定不再犯此類錯誤。

第一章　父母的愛為什麼帶來傷害

　　父母當著老師的面（可能很多老師都在辦公室裡）批評了自己的孩子，孩子表面上是接受了、服氣了，實際上，父母卻製造了更深的師生對立。父母懲罰孩子、批評孩子，他們還是孩子的父母；但對於孩子，他們的心理感受卻是丟了尊嚴，為什麼丟了尊嚴？是因為老師的投訴，如果老師不投訴，父母就不會來學校，就不會在老師辦公室眾多人面前被父母批評，所以，父母當眾批評的結果是在孩子和老師之間製造了「仇恨」，這是極其愚蠢的做法。孩子一旦不喜歡哪一科老師，哪一科成績一定下滑。因為孩子不喜歡，所以就不愛聽他的課，每當上這一門課，孩子就不專注、就走神分心，知識缺口就會越來越多，因為這一科學不好，就可能讓孩子失去學習的信心。同時，孩子每一次被傷及自尊，都像是往孩子自尊心的小樹苗上砍斧頭，樹苗必須要花很多能量、很長時間進行自我修復，雖經修復，仍會留下傷疤，這個修復期就耽誤了樹苗的向上生長。

　　我兒子小時候天性淘氣得很，讀國中的時候發生了「打水仗事件」，他領著一幫小朋友去學校旁邊的小雜貨店要了很多小塑膠袋，裝上水，把口繫上，成了「水炸彈」，就在走廊裡互相拋水袋打對方，弄得滿走廊都淌著水，老師認為這是很大的錯誤，於是把我和媽媽叫到了學校，見到家長，老師還打算把我兒子也叫來一起當面問責，我急忙說：「老師你好，孩子犯錯了，肯定是我們家庭教育的責任，到底發生了

什麼事?請你先跟我講一下,然後我回家一定好好教育我的孩子,而且,今晚我會寫電子郵件向你報告我們家的處理結果」。那位老師聽了我這幾句話,稍微愣了幾秒鐘,接著說:「你這個家長很不一樣」,我知道,別的家長肯定當著老師的面狠狠地批評了孩子,出了老師的氣,揚了老師的威。回到家裡,我們家三口人和風細雨地開了一次家庭會議,得出了三點共識:一是人不怕犯錯,錯了就敢承擔,改了就是好孩子,學生不該違反校規,這是要向老師做檢討的;二是老師對你很好,她看到了你身上的優點,稱讚了你英語很好(這一點是不建立「仇恨」,讓孩子覺得老師很給面子);三是孩子不守規矩是父母的責任,爸媽已經跟老師檢討了,爸媽和你一起承擔錯誤、一起改正錯誤(這一點是強調和孩子有難同當,陪著孩子改正錯誤,讓孩子感受到父母的愛)。這三點共識中包含很深的教育道理。共識一強調的是面對錯誤的正確態度,態度端正了,事情才能處理得好;共識二化解了孩子對老師投訴的「仇恨」,讓孩子覺得老師很給面子,讓孩子感恩,孩子一定會為愛而努力;共識三強調了父母要和孩子「有難同當」的態度,「榮辱與共」的決心,讓孩子感受到父母的真愛。所以說孩子犯錯是促進親子關係絕佳的機會。

挑剔指責

父母不看重甚至全然忽視孩子的優點，在任何情況下都以負面消極的態度、審視放大的眼光，在孩子的思想和言行中找到問題並進行批評糾正，就叫做挑剔、指責。表現著父母對孩子高要求、不信任、否定和失望。

我的妻子聰明、明理。她小時候考試考了95分，回家面對爸爸的時候特別恐懼，因為爸爸一定會面色嚴肅地問：「怎麼少了5分？為什麼沒得100？」她考試得了100分，特別欣喜，回到家立刻「報喜」，而爸爸略顯高興卻又淡淡地問：「妳們班有多少個100分？」妻子說，當時她立刻就失去了價值感，似乎是一盆冷水順著頭頂澆了下來，渾身都是冰涼的。

孩子穿衣服、吃飯、學習、做家務、行走坐臥、人際交往、待人接物等，每天父母都能找到孩子的不足或問題。挑剔、指責是在追求完美，而完美並不存在。教育是要激發每個孩子的優勢，「揚長補短」，最終達到全面發展。這個邏輯很簡單，也很明瞭，但有的父母就是無法改變。

假如你是員工，老闆不看你的優點，天天挑你的不足或毛病，你會有被認同的感受嗎？老闆每每找到你的不足或毛病，就當著所有人的面，劈頭蓋臉地把你批評一頓，你會有被尊重的感覺嗎？你每天工作都要受到老闆一到兩次這樣的挑剔和

指責,你還會有價值感嗎?我們知道,成年人的心理承受能力要遠遠比孩子強大,你想,如果你的孩子每天受到來自父母一到兩次的挑剔和指責,他還會有自信心和鬥志去學習嗎?父母的挑剔、指責,猶如「千斤墜」,一直在向下拉著孩子墜入深淵,越來越自卑,越來越怯懦,不敢想更不敢挑戰,不上進更不快樂,自我價值認同越來越低,直至放棄自我。

父母為什麼會成為這種挑剔指責的父母呢?一般有下列幾種情況:一是自身有缺憾,希望在孩子身上找補回來;二是原生家庭出了問題,他們的父母肯定至少有一方是非常負面的人,從小對他否定太多,批評太多;三是自身是完美型人格,沒有在現實中注重學習、修練求得改善,凡事都高標準、高期待,但又力不能及,這樣的人幸福指數會很低,活得很累。

第一章　父母的愛為什麼帶來傷害

要挾強迫

父母利用孩子的需求或弱點，仗恃自己的「權威」，脅迫孩子滿足自己的要求，並且透過施加壓力使孩子必須服從做到，這就叫要挾強迫。

「你再不聽話，我就不要你了」、「這週你考不好，週末就不能和同學出去玩了」、「作業做不完不許睡覺」、「媽媽這麼辛苦，賺錢供你上好學校讀書，你就考這個成績？我替你報名補習班了，明天就去補習」……孩子完成了今天的作業，剛想拿起自己喜歡的《十萬個為什麼》，卻聽到媽媽說：「離睡覺還有半個小時呢，怎麼不再做一套練習題？看什麼閒書？」……這時孩子的感受是被壓抑，憤怒在心裡堆積起來，因為他感受到的是父母把他變成了學習機器，他不可以有空閒時間，他不能有自己的愛好，他不能出去和朋友玩，如果不聽父母的話，就會被吼、被罵、被強迫，於是，孩子就會懷疑：媽媽愛我嗎？如果愛我，為什麼不尊重我？如果愛我，為什麼不讓我有美好的心理感受？為什麼年復一年地讓我難過？這種情況，孩子的情緒就會非常低落，心情就會非常沮喪，你想他還會專注地去學習嗎？

要挾強迫是一種簡單粗暴的教育方式，是父母不懂教育「胡作非為」的表現，是父母教育理念失當、教育能力低下的結果。對孩子提出加碼要求，損害孩子的權益，要孩子聽話

照做，父母對自己這些要挾強迫如果還不覺醒，還不立即改變，一到青春期，孩子一定會叛逆，因為哪裡有壓迫，哪裡就有反抗，到那時，父母就會深陷焦慮之中，無邊無際。專業的父母一定是在無為之中無不為，把握教育的關鍵，激發起孩子的學習意願，孩子才會自動自發。

第一章　父母的愛為什麼帶來傷害

教育主體標準不一

　　所謂教育主體，就是指孩子的施教者，即父母、祖輩家長或其他監護人。孩子生活的家庭裡，如果教育主體的教育理念不同，教育標準不同，教育方法迥異，孩子就會無所適從，他就會按照自己的心理感受，對不同的事情、在不同的時機，遵從「舒適度」最高的那個教育主體，所以你看到的孩子就會變成「四不像」。

　　孩子要玩手機，爸爸不允許，但媽媽說「玩一會吧」，孩子就會感激媽媽，討厭甚至恨爸爸；媽媽要孩子趕快去學習，正在看電視的孩子說「再讓我看 5 分鐘」，媽媽說「不行」，這時爸爸卻說「再看一會吧」！孩子就覺得爸爸「寬容」，媽媽嚴厲，媽媽成了得罪人的人；孩子跟父母要錢，非必要的錢父母不允許花，但孩子去跟爺爺要錢，爺爺就爽快地給了，從此，孩子要錢的事就不跟父母說，而是直接跟爺爺要……孩子已經變成了一個投機取巧的「變色龍」，哪裡有好處就奔哪裡去，甚至不擇手段。如此這般，我們的教育不就「流產」了嗎？孩子健康成長的過程「失控了」，因為，不同時間、不同地點、不同事件，總有不同的標準。

　　家庭教育主體標準不統一，就等於沒標準，甚至把孩子推向歧途。

父母情緒化

　　情緒，是指人在從事某種活動時，所產生的或好或壞的心理狀態。人們平時所說的「七情」——喜、怒、憂、思、悲、恐、驚，就是指人的七種心理狀態。本書所講的父母情緒化特指父母的壞情緒。有些父母的心理狀態，很容易受到來自外界和孩子言行的或大或小、或是或非的因素影響而發生較大的情緒波動，而且父母的喜怒哀樂經常會因為外部變化和孩子的「好轉」而瞬息萬變，風一會雨，一會高興得開懷大笑，一會又「淚飛頓作傾盆雨」。在這樣的情緒驅使下，父母常常會對孩子施予一些不理性言行，進而造成孩子糟糕的內心感受，嚴重影響孩子完成接下來的計畫中的任務。簡單地說，什麼是父母情緒化？就是指父母任性、喜怒無常。

　　每週小考成績出來那天，那些「唯分數論」的父母見到孩子，肯定忍不住要開口問「這週考試成績怎麼樣啊？」一看成績單，所有科目考試都是九十九分、一百分，班級第一名，哇！父母就眉飛眼笑，對孩子讚不絕口，馬上許諾給獎賞，吃大餐、打遊戲、看電視、假期去哪裡旅遊等。晚上打開手機進了孩子班級家長群組，會有很多人「分享」自己孩子的考試情況，考得不好的孩子家長聽著，懷著沮喪的心情，偷偷地「取經」。考第一名的孩子父母，會滔滔不絕地向其他人「傳授經驗」，還會與親朋好友通電話，報告喜訊……下一

第一章　父母的愛為什麼帶來傷害

週考試成績出來了，孩子不是第一名了，從第一名跌落到了第六名，哇！媽媽受不了了，「你怎麼考的？」、「平時告訴你多做幾套練習題，你就是不聽，否則會掉下來這麼多嗎？」、「以後不許再看電視」、「你這孩子就是不聽話，我看你是沒救了」……此時，面對情緒失控沒完沒了的媽媽，孩子感受到的是驚悚、壓抑、不安、愧疚……「我告訴你，這週你必須好好學，下週考試如果進不了前三名，假期就不要去度假了，在家好好加強，所有的獎勵都取消……」當孩子聽到媽媽的最後通牒，各位父母，我們一起來換位思考一下，孩子會有什麼樣的心理感受？對，孩子心裡會問：難道我就是一個考試的機器嗎？媽媽愛成績勝過愛我！當孩子有了這樣的心理感受，他的心理能量變得非常低，沒有愛了，心就沒有戰鬥力了！孩子不僅缺了愛，還大受指責、抱怨、否定，接下來的一週，孩子就在這種複雜的負面情緒壓力中去學習，原本孩子是一身輕鬆地去「備戰」，現在孩子心理承受百斤重負，能跑過別人嗎？還怎麼考出好成績！

80％的家庭有溝通障礙，60％有溝通障礙的家庭父母會情緒化，所以人們可以聽見、看見很多人家經常「雞飛狗跳」、不得安寧。父母情緒化有很多原因。第一種原因是文化素養不夠，仁恕圓融沒有達到一個基本修練層次，但心理承受能力又差；第二種原因是原生家庭的不和諧，比如小時候父母經常吵架；第三種原因是基因遺傳，父母一方或雙方就

是情緒化的人，耳濡目染；第四種原因是對教育的無知，父母方向不清、策略不懂、茫然失措，所以焦慮暴躁；第五種原因是高要求、高期待、唯分數論，不是真愛孩子，而是愛自己心裡的那個「完美小孩」。

　　成績凌駕於愛之上，教育就不會有好結果。父母情緒化會導致怎樣的惡果呢？孩子因為缺愛、被控制、被強迫，所以沒有價值感，不願再努力，拖拉磨蹭，意志消沉；孩子深陷焦慮，每天上學中及放學後，頭腦中常會出現父母情緒化的嘴臉，影響孩子專注力，讓他們心神不寧；長期身處父母情緒化中的孩子，可能會從心理問題再演變成生理問題，孩子睡眠不好，免疫力低；孩子容易走進網路或早戀，父母不思改變就會導致溝通障礙和叛逆，甚至離家出走。

　　希望情緒化父母能迅速地透過系統性地持續學習，讀懂孩子，明白教育，看透人性，不斷提高認知能力，讓孩子在快樂中學習成長。

第一章　父母的愛為什麼帶來傷害

父母負榜樣

　　父母長期以來穩定的、不正確的思想和言行，對孩子成長潛移默化地產生重大負面影響，並使孩子的思想和言行產生趨同化，這叫父母負榜樣。

　　父母負面心理，老是擔憂恐懼；父母挑剔，不看他人優點，專門看別人不足或缺點；父母情緒化，經常鬧得家裡雞犬不寧；父母不愛鍛鍊，懶惰、隨便、邋遢；父母不願承擔家庭責任；父母不敬孝自己的父母；父母對自己的職業不敬業；父母不講誠信，答應朋友或孩子的事情不兌現；父母不愛讀書，學習改變意願不強烈；父母沒有遠大理想，得過且過、守成或混日子⋯⋯這些都是不正確的思想和言行，對孩子的壞影響非常大，因為孩子跟父母大部分時間同處一個環境，古人說：身教勝過言教，境教勝過身教。同時，孩子在慢慢長大，開始有了自己的思考，他的思想和言行反過來又影響父母，如果孩子對父母的影響是正向的，那是好事，如果是負向的，那就會使這個家庭錯上加錯，徹底錯亂。

　　我們在馬路上開車，經常塞車，為什麼塞車？因為在同一個高度上的人太多了。塞車會讓駕駛人很焦慮，很煩躁，快樂不起來，再遇到有緊急事情要處理，心是被煎熬的，要想逃離這種感受，那就要開「飛機」，提升至一定的高度，當你的高度超越很多人的時候，你就處在一個相對更自由的空

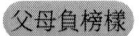

間,人生感受便是翻天覆地了,看著大多數人還在低層次上「擁擠」,你會嘗到人生卓越的美感、幸福感。如何讓自己穿越到另一個高度上?一是自己學習成長、做好準備;二是有人拉你一把。

第一章 父母的愛為什麼帶來傷害

第二章
父母的類型、語言模式與危害

　　所有問題的答案都在更高的層次上，高人指點是認知「穿越」的最快捷徑。

　　教育一定有因果。我們看到孩子身上呈現出來的所有問題，都是教育現象或結果，「按圖索驥」，用正確的教育邏輯去推演，我們很容易就能發現其背後的成因。孩子的問題本質上都是父母的問題。孩子的每一個問題，一定對應著父母的某些「缺陷」。

　　我們透過因果對應關係，來看孩子問題和父母原因，可能更清晰，利於父母提高對自身所做教育的重新理解。

　　1. 孩子做事沒有主動性，也不愛學習。父母一定在生活上溺愛了，但在學習上又有要求。

　　2. 孩子沒有上進心，缺乏學習動力，已經厭學。父母一定沒有重視理想教育，但對分數一直都有高要求。

　　3. 孩子自卑，失去自信，自暴自棄。父母一定對孩子否定太多，指責太多，不樂意接納孩子。

　　4. 孩子性情暴躁，好發脾氣。父母一定急躁、易怒，夫妻關係也常常出現嚴重問題。

第二章 父母的類型、語言模式與危害

5.孩子性情懦弱，膽小怕事，不敢挑戰，退縮逃避。父母一定控制太強，恐嚇多，貶抑多，批評指責多，或總是拿自己孩子和別人家的好孩子比較。

6.孩子愛說謊，或口是心非。父母一定缺乏寬容，甚至態度刻薄，經常懲罰打壓孩子。

7.孩子和父母有溝通障礙。父母一定是溝通能力太低，和孩子沒有共同話題，或不懂孩子心理，傾聽少、幫助少、挑剔多。

8.孩子自私，以自我為中心。父母一定溺愛孩子又放縱孩子，或父母就是自私、不守規矩的人。

總之，父母的類型，父母的語言模式及其背後的思想觀念、價值取向、行為特徵以及遺傳特質，幾乎決定了孩子的人生。

七種父母類型、語言模式及危害

1. 保母型父母

凡事都替孩子做,標準的「全代替」。

穿衣服、洗衣服、做飯洗碗、打掃環境全都由父母一手包辦了。在我15年的菁英教育過程中,我接觸了上萬個家庭,統計發現:18歲前的孩子,不做家務的孩子約36%,偶爾做家務的孩子51%,經常做家務的孩子占9%,經常幫忙做各種家務的孩子僅占4%。陶行知在《生活教育文選》中指出:

「勞動教育的目的,在謀手腦相長,以增進自立之能力,獲得事物之真知及了解勞動者之甘苦。」長期不做家務,這些重要的成長機會都將會被白白浪費。

保母型父母的語言模式:

「我的孩子離開我不行。」

「我不幫他,他就做不好。」

保母型父母從孩子生下來就對孩子一直抱著「高期待」,他們自身所有的價值都寄託在孩子的「出人頭地」上。每當在人前,講起自己為什麼要對孩子給予保母式的「服務」,便是這一些話,「我的孩子離開我不行」、「我不幫他,他就做不好」,像是在述說自己的功勞。殊不知,這樣培養出來的孩子

第二章　父母的類型、語言模式與危害

不獨立、不自立、沒有思辨力、學習沒有主動性、做事不愛動腦筋、凡事都得過且過。三歲看大，七歲知老，我們很難把這樣的孩子和未來社會所需要的人才連繫在一起。

2. 放任型父母

孩子從小到大，想怎麼樣就怎麼樣，孩子做「主導」，牽著父母走。

什麼樣的家庭容易出現放任型父母呢？

第一種情況是父母忙於生意，顧及不了孩子教育。孩子年紀小、該受到好教育的時候，父母因忙於生意而放縱孩子，到孩子大了的時候，父母用拚命賺來的錢，為孩子補習，殊不知補習永遠都解決不了孩子學習動機的問題，沒有幾個孩子是因為補習而「鹹魚翻身」成為菁英的。

第二種情況是父母懶惰，不負責任，天性被動。打麻將有時間，朋友聚會有時間，旅遊有時間，就是教育孩子這件事不願意付出時間和精力。更有甚者說「兒孫自有兒孫福」、「不能因為孩子影響我享受生活」。可見這樣的父母，不僅懶惰，還很自私。沒學歷問題不大，缺乏素養才最可怕！父母對人生終極意義的認知高度局限了孩子的培養。

放任型父母的語言模式：

「孩子不用管，我就負責賺錢，替孩子找老師就行了。」

和這樣的父母對話，我發現他們這樣對待孩子的培養，

是有其理念支持的。那就是「我們小時候也沒人管」、「樹大自然直」。請讀者思考一下：時代變換了，鉅變發生了，還能看老「黃曆」嗎？樹大了真的能自然直嗎？放任型父母培養出來的孩子，被疏離缺愛、沒規矩，做事隨性，不用心，缺少「重要人物感受」。孩子一旦長大，因為太缺少引領，大都不會追求上進；因為太隨性而為，想怎麼樣就怎麼樣，所以人際關係一定會有問題，沒人願意跟不守規矩的人交往；網路成癮、早戀、和不良孩子混在一起的比比皆是。

3. 焦慮型父母

每天都處在緊張的情緒下，對孩子的未來充滿擔憂，活得特別累、特別痛苦。

焦慮型父母大多出現在媽媽社群裡，相對而言，父親焦慮的很少。從孩子出生，媽媽就深陷漫長的焦慮黑夜。她們每天早上叫孩子起床，擔心他上學遲到；孩子每天放學回到家裡，剛吃完晚飯，她們就催孩子趕快去寫作業，擔心他寫不完；季節變換，媽媽擔心孩子感冒；走在馬路上，媽媽擔心他被車撞；孩子和同學去玩，媽媽擔心他會跟壞孩子學壞……

焦慮型父母是自己情緒的奴隸，她所在的家庭中，時常雞犬不寧，因為這個家庭長期存在著一個「詛咒」的發出者、衝突的製造者，夫妻關係就會出現嚴重問題，本來母親應該「厚德載物」，帶給孩子慈愛、善良、寬容，父親重在影響孩子「自強不息」，給孩子指引目標、責任、方向，而夫妻關

第二章　父母的類型、語言模式與危害

係問題又加重了媽媽的焦慮，使夫妻雙方都沒辦法盡教育之責。媽媽的焦慮及其焦慮導致的結果，猶如雪上加霜，最後都要孩子來承受。

心理學上有個定律，叫莫非定律。大意是：人越擔心的事情，往往就會發生。這種焦慮型的媽媽，她的急，她的擔心，她的情緒外洩，都是對孩子的負面暗示，長此以往，孩子身上真的會發生媽媽所焦慮的狀況。

焦慮型父母的語言模式：

「你快一點，怎麼老是那麼慢？」

「太磨蹭了！」

「考不上好高中怎麼辦？」

焦慮型父母培養的孩子，心理不健康，情緒不穩定，負面，不自信，怕失敗，覺得人生不幸福，甚至有時會想放棄自己，採取了極端行為——跳樓自殺。

4‧比較型父母

把自己孩子各個方面的一切呈現，都在身邊朋友或孩子的同學中，找到「模範」的比較者，而且，與其比較的「項目」，一定是遠超過自己孩子的，因此他們天天嘴裡就是「別人家的孩子」。

學校學習成績，和前三名的同學比，有很大的差距，人家的孩子多努力、多認真、多勤奮！生活自理能力，和朋友

家的孩子比，人家的孩子無論什麼都表現得很好，不用父母操心，多心疼父母！⋯⋯總之，無論是學習、自理、人際關係、演講、彈鋼琴⋯⋯所有的事情都要和別人家的孩子比較，比較的結果是自己的孩子越來越不開心，越來越不上進。越比自己的孩子越差，父母卻不知道問題到底出在哪裡。

比較型父母的語言模式：

「你看別人家誰誰誰，多爭氣！」

大多數情況下，這樣的父母自己的人生是有缺憾的，是不自信的，因此他們特別希望孩子能實現自己沒有實現的事情，掙回面子，彌補缺憾，其實是在讓自己的孩子過「二手」的人生。比較型父母教育的孩子大多會出現一個嚴重問題──不自信。孩子認為：我不行，什麼都做不好，別人都比我強，因此，父母老是對我不滿意，我活著還有什麼價值呢？孩子開始懷疑人生了，非常可怕！教育特別忌諱和別人家的孩子比較，典型的「長別人孩子威風，滅自己孩子士氣」，一比就把自己孩子比死了。比較就一定會傷到孩子的自尊心，自尊心一降低，上進心就降低，孩子一直感受到「我不行」，可是父母的要求卻反向提升，勢必導致溝通障礙、叛逆，問題就越來越多，甚至出現系統性的問題，改起來很困難、很煎熬。

5. 控制型父母

因為自己在某些領域很有經驗，甚至很有成就，便對孩子實行簡單、粗暴的命令控制。

這樣的家庭，一定缺少溫度。早上會聽到嚴厲的「起床號」；吃飯時會聽到命令式「吃飯」；開家庭會議時孩子發言沒有滿足父母的預期，便會聽到「閉嘴」、「就按照我對你說的去做」之類的警告；孩子學什麼才藝，父母直接就替孩子報名；孩子要補什麼課，父母不和孩子商量就替孩子找了老師……一切事情都不徵求孩子意見，他們認為孩子不懂什麼，大人要為孩子做主。

控制型父母的語言模式：

「你要聽話！」

「我都為你安排好了。」

控制型父母自以為是，以為自己在某一領域有經驗、有成就，在孩子教育上就也能成功，這是對教育的蔑視，已有經驗沒有讓他更「豁達」、更開放、更通透，恰恰相反，正是已有的經驗和成就，限制了他們對教育的理解。把教育孩子成為優秀人才這件事看得很簡單，一定是因為淺薄。控制型父母培養的孩子有兩種結果：一種是溝通障礙——叛逆——無視他人和規則；另一種是溝通障礙——逆來順受——憂鬱或者成為「綿羊」，孩子越來越沒有力量，未來人際關係肯

定不好。沒有一個父母能贏過孩子。哪裡有壓迫，哪裡就有反抗，不是在控制中爆發，就是在控制中死亡，最後，一定是讓做父母的，輸得一敗塗地。《禮記‧學記》曰：「故君子之教，喻也。道而弗牽，強而弗抑，開而弗達。」就是講好的教育絕不是「牽著」孩子走，也絕不「壓抑」孩子，只有循循善誘才能事半功倍。

6. 指責型父母

父母老是只看孩子的缺點，「挖空心思」地挑剔孩子的所作所為，找到問題，便進行所謂「為了你好」的批評、指責甚至罵打教育。

孩子做了10道題目，9題是對的，但父母只看錯的那一題，進行指責；孩子練習書法，寫了一頁的字，父母專挑那個寫得不好的字進行評價，指出問題；孩子在班級裡考試考到了第五名，父母幫孩子分析試卷，找到錯題原因，然後對孩子說：這些地方都跟你講過呀，如果不失分，你不就是班級第一名嗎？在他們的觀念裡，孩子應該是完美的，但父母自己的人生又創造了怎樣的完美呢？自己都不完美，為什麼要求孩子完美？其實，本來就沒有完美，只有不斷地完善。

指責型父母的語言模式：

「你怎麼就是做不好！」

「不是跟你講過嗎？」

指責型父母的負面傾向非常嚴重，能量非常低。凡事不看正面，只看負面。究其原因，基本上來自原生家庭，從小受打壓、得到的否定多，沒得到足夠的肯定、讚美、認同，自己做了父母，就自然而然地複製了這種教育模式。這種父母培養的孩子，缺少高自尊滿足，對學習生活以及整個人生都不自信；情緒不穩定，老是擔心別人怎麼看他，生怕在人前暴露自己的缺點；不敢探索、不敢嘗試、沒有創新，職業成就低；畏首畏尾，人際關係不好；活在恐懼、否定中，遇到學習難度的時候，容易放棄學業。

7. 嘮叨型父母

不停地說，重複多遍地說，所說的內容邏輯混亂甚至毫無邏輯，只要發現他們所說的孩子沒有接受，就不顧孩子的情緒感受甚至逆反，還要再說一遍。

一件事情，說過三遍，就是嘮叨。去接孩子放學，路上會問「今天老師表揚你了嗎？」吃完晚飯，還會再問「今天老師表揚你了嗎？」孩子對於回答父母的重複性問題特別煩！孩子到了青春期，父母經常問「你們班有沒有女生寫紙條給你啊？」、「兒子呀，你千萬別談戀愛呀，一談戀愛學習成績就會掉下來呀，你就考不過別人了，考不上好高中，考不上好大學，這輩子就完了，別人也會甩了你」；三天兩頭就會和孩子嘮叨起青春期的那些事，整個中學階段不停地重複著，孩子能不煩嗎？

嘮叨型父母的語言模式：

古希臘哲學家柏拉圖說：「正如同空的容器發出的聲音最大，智力最低者最善於嘮叨不休。」嘮叨型父母靠感性隨便地說、碎片式地說、多次重複地說，每一次說話不是考慮成熟了再說，說又說不清楚，這表示他們實在是能力很弱的父母，不具備較好的邏輯思考能力，嘮叨就是不停地為孩子製造焦慮。這種父母培養出來的孩子不主動、不獨立、逆反、不上進、心神不寧、深陷焦慮中。

上述 7 種類型父母及他們的語言模式都是錯誤的，對培養孩子危害極大。所以，我希望更多的父母能盡快覺醒，改變教育理念，提升教育智慧，能靈活自如地運用多種教育方法，成為孩子的引領者、教練、導師，孩子在這樣父母的培養下，能健康快樂地學習成長，我把這樣的父母稱為專業型父母，是名副其實的家庭教育專家。

第二章　父母的類型、語言模式與危害

專業型父母

專業型父母會給孩子「重要人物感受」。他們為了教育孩子，從孩子小時候起，就會建立家規，大人和孩子都要承擔家務，並且每一週或兩週還要召開一次家庭會議，歸納各自的工作、學習和生活情況，特別重要的是，在家庭會議上，一定要讓孩子充分發言，對自己評價，更要對父母的表現進行評價，賦予孩子責任、權利，這會讓孩子覺得自己是「重要的一員」。

專業型父母會經常帶著孩子做多方面的嘗試和探索。他們不急功近利地一味追求分數，而是注重讓孩子從小開發智力，在孩子小學畢業前，他們經常帶孩子去做多方面的嘗試、探索和體驗，比如參觀博物館、遊歷見世面、做社會公益、探索大自然、做各種手工、種植花草樹木、參加科學實驗、嘗試音樂美術、體育舞蹈及書法等，透過大量的嘗試、探索、體驗，開發了智力，提升了認知，獲得了知識，發現了興趣，就很容易讓孩子愛上學習。

專業型父母懂得為孩子生根的重要性。根，是樹木向上生長的動力來源，做生根的教育，就是在培養孩子愛學習、拿高分、成功做自己的因。

專業型父母懂得換位思考，會運用同理心溝通理論和孩子交流。他們不說教，不粗暴，而是在分享中無為施教；他

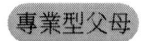

們不提標準、不給要求、不下命令，而是透過向孩子講文史故事、偉人巨匠的經歷以及遊歷實務，來開拓孩子的視野，開啟孩子的格局，讓孩子樹立起遠大理想，使孩子擁有深刻的邏輯思考能力……

專業型父母的語言模式：

用「你」代替「我」。如：

「你有什麼看法……」代替了「我認為……」

「你想怎麼改善……」代替了「我想你應該……」

「你決定怎麼做……」代替了「聽我的，這麼做……」

「你是怎麼做到的……」代替了「我告訴你的方法好……」

專業型父母給孩子的是正確的愛，正確的愛一定是學習獲得的。他們能理解做父母是個非常專業的職業，要想培育優秀後代，父母首先必須成長為優秀的家長；他們懂得學習成長的重要性，而且改變提升的願望強烈，所以躬下身來學習如何做優秀父母。透過跟隨專家導師學習，懂得了生命規律、懂得了教育規律、清楚了人才標準、掌握了同理心溝通技術……他們愛孩子、懂孩子，他們有理念、有智慧、有能力，孩子成為優秀人才幾乎是自然而然的事。這種父母培養出來的孩子有道德、有責任、有理想、有信念，未來一定會愛學習、早成功、早成人，正是時代所需要的優秀人才。這本來就是因果大道。

第二章 父母的類型、語言模式與危害

父母履職能力測試

請認真閱讀以下測驗題目，對自己作為孩子的父母的履職能力作一次自評。共計 13 個題目，每一題最高 10 分，滿分 130 分。根據題目內容，你認為你做得好的計 10 分，做得一般的計 6 分，做得不好則計 4 分。如果某個題目你的孩子還沒到發生相應事件的年齡層，則按滿分計算。

1. 我的父母很注重自身學習進步，我家經常一起學習和探討傳統文化，並帶領我或支持我去實踐，比如做孝敬長輩的事、做社會公益等；他們能努力提升自己的工作能力，能努力提升教育我的能力，擁有一定的教育智慧，能作為我成長中的「智多星」。

2. 我的父母很重視我的規則意識培養。他們從不溺愛我，也不允許爺爺、奶奶、外婆、外公放縱我，從小我家就有家規，他們一方面做我的表率，另一方面對我嚴格要求，所以在作息時間、行走坐臥、言談舉止、待人接物、學習成長等方面，讓我養成了很好的習慣。

3. 我的父母很在意我獨立性的培養。在我很小的時候他們就教我做家務，讓我從小熱愛勞動，最起碼要把自己的事情都做好。所以我的獨立意識、自理能力等都很強，至今我已學會了好幾項生活技能，學習方面的事我從來不用父母操心。

4. 我的父母關係很和睦。互相尊重，相親相愛，語言溫和，態度誠懇，從不說髒話，無不良嗜好；在對待長輩、對待朋友、對待同事等方面，有時意見也會有分歧，但他們從不在我的面前爭吵。

5. 我的父母教育我要奮發上進。他們常常會為我講一些古今中外的名人成長故事，用這些人的成長經歷、人生經驗、社會貢獻來薰陶我，希望我樹立遠大理想，做一個有較大價值的人。

6. 我的父母經常教育我要勤儉節約。每週給我零用錢後，不是不聞不問，而是教我記帳，不能隨意使用，指導我用在關鍵處。同時，告誡我不能輕易接受別人的餽贈，尤其是不允許隨意花別人給的錢。

7. 我的父母常常關注我在學校和班級的表現。是否尊重老師？是否樂於助人？是否關心群體？是否有團體榮譽感？是否和品德好的同學交朋友？當發現我哪裡做得不好的時候，他們會及時為我做分析、講道理。

8. 我的父母能為我創造比較安靜的學習環境。為我設置了書櫃，有些書是他們和我共讀的書；我回到家後，他們電視、電腦從不開大聲，以免影響我；更不邀人來家裡打麻將或閒聊天；他們每天回到家裡後，餘閒時間大都在看書學習，很少滑手機。

第二章　父母的類型、語言模式與危害

9. 我的父母經常詢問、聽取我的學習情況。他們不太重視我的成績高低，他們更在意我學習是否認真？是否勤奮？是否樂於思考？是否能提出一些問題？檢查我作業完成情況時，很認真，從不馬虎、應付，更不隨意在作業本上替我簽字，防止我有惰性，在學習中偷偷地打折扣，這增強了我學習的自主意識和責任感。

10. 我的父母能正確對我進行表揚和批評。為了做好父母，他們參加過專業、系統的培訓，所以他們能堅持正面教育和無為引導原則，不袒護、不縱容、不和別人家孩子比較；不強勢、不指責、無條件地幫我、愛我；每次和我溝通，總是先找到我的「優點」進行讚美，然後再心平氣和地為我指出需要改進的地方，從不要挾我、逼迫我。

11. 我的父母非常關注我的身心健康。如生理健康、心理健康、人際關係、社交適應、骨骼保護、視力保護等，引導我積極鍛鍊身體的同時，還時常陪我一起運動；教育我要有寬闊的胸懷和強大的意志力，並為我創造遊歷見世面的機會，和我聊他們的見聞，潛移默化地薰陶我。

12. 我的父母能跟我有難同當。在我的成長中，因為受到一些誘惑，開始有了一些不良的喜好和行為，比如，迷戀電腦、手機、看無意義的動漫、學習成績下降、被老師告狀、不願意上學等等，我父母會：A. 跟我一起找原因，為我講明道理，並承擔他們的責任，我們一起改變；B. 他們不承擔任

何責任，對我實行強制，催吼打罵都有；C·他們不認為他們有責任，也管不住我，乾脆聽之任之了。（A：10分；B：6分；C：4分）

13·我的父母能積極主動地與學校互動。他們和老師保持經常性的聯繫，及時了解我在學校的情況;積極參加家長會，積極支持和配合學校，共同教育好我，而不是像很多父母那樣把孩子丟給老師就不管了，或者讓老師代管，甚至學校老師主動打電話和他們溝通時，他們總是說自己工作忙、家裡忙……

總得分：

你合格嗎？優秀嗎？

第二章　父母的類型、語言模式與危害

第三章
孩子有成長規律

當父母對生命真相無知或漠視的時候,孩子的不幸和父母的悲哀就一同來了。

父母真的懂孩子嗎?孩子生命似「無」的小宇宙裡,蘊藏著「萬有」。為什麼父母捧著剛出生的孩子怎麼看都像龍像鳳,而這個孩子被教育到18歲或大學畢業後就淪落成平庸之人了?因為父母做了太多的錯誤教育!不懂孩子,怎麼能做對教育?買家電會看到一張使用說明書,投資經營企業必需根據市場調查做一份商業企畫書,但是做父母,我們做了什麼、準備了什麼?

基於《道德經》「道法自然」的哲學觀,本章我們一起來揭示生命的奧祕。

第三章　孩子有成長規律

孩子是個小宇宙

　　第一，我們的孩子出生就有無限能量、無限可能。從一個受精卵到一個完整的人，在 10 個月的時間裡，細胞經歷了無數次的裂變與分化，形成完整人的各器官和組織。懷孕的過程裡，那個胎兒就能感受音樂；能站立的時候，孩子還可以自己踩著音樂節拍跳舞，因為他「學過」；在無人教導的情況下，孩子能聽懂語言，會說語言；孩子能感受到媽媽的溫暖、味道、喜怒、心跳、脈搏等等。一個受精卵，一個剛出生的嬰兒，就是一個小宇宙，但誰都不知道這個小宇宙裡「藏」著什麼，因為無「相」無「名」。孩子未來或許非常熱愛化學，成為化學家；或許非常熱愛哲學，成為哲學家；或是成為優秀設計師，與飛機大炮為伍；或是成為偉大科學家，研究疫苗⋯⋯誰都看不出來「相」，但皆有可能，這就是孩子的生命奧祕──「無」中藏著「萬有」。

　　第二，孩子的生命一直處在成長變化之中，父母就要不停地進步，成長到孩子的前面。在這個過程裡，孩子要吸收養分，父母給予孩子什麼，孩子未來就最容易愛上什麼、成為什麼。如果父母給予的是好的，是正確的，是孩子喜歡接受的，孩子成長的就更快更好，反之，就會抑制這個新生命的生長。如果父母不懂這個規律特色，不懂這個天道，進步就會慢；不具備教育能力，怎麼引領孩子？在孩子後面追著

跑或者是「拖後腿」，那不就誤了孩子的人生嗎！

第三，宇宙在條件具足的時候會發生大爆炸，釋放無限能量，生出「萬有」，即萬物。讓孩子生命的小宇宙發生「大爆炸」的條件就是正確的教育。作為父母，你還能「靜待花開」嗎？真心愛孩子，你必須去為孩子創造和提供引起他小宇宙「大爆炸」的條件——正確的教育觀念、優秀的教育養分以及高超的教育能力。一是要為孩子的生命供應全面的、充分的好養分，潤化這個生命，當生命被滋養、潤化到一定程度的時候，就會發生「大爆炸」——破殼生根，高效生長。生根就是養成了高尚道德品質、有擔當精神、有遠大理想、有強大意志力以及具有深度邏輯思辨力，充滿能量地去攀登學習生涯一座又一座高峰。

第三章　孩子有成長規律

一定會生長

人是小宇宙，種子也是小宇宙。在大自然裡，一粒種子被風吹落，落進土地裡，在下一個春天到來的時候，我們會看到這粒種子破土發芽了！無論是人為種植，還是由大自然「哺育」，我們發現這粒種子一定會生長出來，讓你看見。種子為什麼能夠自然地生長？生根、破土、發芽、茁壯，直到長成最好的自己？是因為種子有生命、有能量、有無限可能。

在外界給予「適當而且足夠的養分和條件」下，種子這個小宇宙就發生了「大爆炸」──破殼、扎根、破土、發芽、開花結果、成為最好的自己，在萬物之中，添光溢彩，競豔播香；如果沒有外界給予的「適當而且足夠的養分和條件」，種子裡的生命能量就不會被引爆。這是大自然給我們的又一個啟示。

孩子的生命恰如一粒種子，蘊藏著無限能量，而且一定會生長，這是生命的真相，這是生命的本質特徵，因而我們相信孩子一定會以生命的全部能量去生長。作為父母，你一定發現過，孩子與生俱來就愛學習。每天要求父母講故事，看到什麼都驚奇，會問父母十萬個為什麼，孩子與生俱來就愛學習的原理就是他天賦的好奇心，是孩子天然自帶的學習生長機制。父母應該是孩子的「大自然」，要為孩子提供一片

「土地」——厚德載物的土地,提供「適當而且足夠的養分和條件」,也就是透過專業、系統性的學習,成為優秀父母,給孩子正確的教育。只有正確的教育才能引爆孩子生命的小宇宙,讓生命茁壯生長。

第三章 孩子有成長規律

敏感期及其教育

什麼是敏感期？孩子在成長過程中，在某一個時期裡對某一方面的資訊特別敏感，相對於其他時期，表現出更高的學習興趣，而且非常容易學會，這個時期就稱為敏感期，這是生命的規律之一。許多心理學家如西格蒙德·弗洛伊德（Sigmund Freud）艾瑞克·艾瑞克森（Erik Erikson）都有相關的理論。艾瑞克森認為，正常人的一生一共可以分為8個發展階段。在每個階段，人都面臨著一個特定的核心問題。如果順利克服，人就能形成相應的積極的人格特質；否則，就會產生相應的消極或不健全的人格。可見，敏感期是大自然「昭示」的、被人類發現了的教育契機，是最重要的教育契機，是對父母的指引，把握敏感期，做對教育事，孩子成長就會高效、卓越。

三歲看大，七歲知老。孩子成人前有哪些重要的敏感期呢？

1. 口手敏感期（0至1歲）

無論什麼東西，都要用手去抓，然後放進嘴裡。把糖放進嘴裡，孩子感受到甜，很舒服；把辣椒放進嘴裡，他感受到辣，雖然不能說出來感受，但他知道非常不舒服，甚至哭了。吃了糖很舒服，他下次還想要吃甜的東西；吃了辣椒，很難受，以後他就不再碰辣椒了。當手裡抓不到東西的時

候，我們會看到孩子經常把手放進嘴裡，一直滋滋地吸吮著，似乎很有滋味。

孩子最初理解這個世界不是靠理性，而是靠體驗和感覺開始的，因為他的理性還沒有透過教育而得到很好的開發和提升。

口手敏感期培養以下兩點。

第一，陪伴孩子訓練他的口和手的功能，讓孩子透過口和手的運用和眼睛的配合，接觸不同的顏色、不同形狀、不同大小、不同質感、不同味道的東西，給孩子刺激，促使腦神經系統快速發育。

第二，透過做家務訓練孩子手腿眼心腦協調配合。「七滾八爬」，當孩子長到八個月左右的時候，他就可以「搬運」東西了，父母做示範，孩子就會有模有樣地學起來，而且非常快樂。

2・規則意識敏感期（2至3歲）

生命生長規律告訴我們，孩子到了三歲，應該做性別教育了。孩子在家該和媽媽分床了，剪斷「精神臍帶」，培養孩子獨立性；孩子在外，尤其是去公共場所，一定要男女有別，培養孩子社會適應性。這是規律，這是社會規則。在此，我還要提醒父母們，不要抱著僥倖心理教育孩子，樹大不會自然直，羅馬也不是幾天就能建成的，一定要敬畏規律、遵循規律，在兩、三歲的時候，把孩子的規則意識建立起來，為人生奠基。

第三章　孩子有成長規律

孩子對規則是樂於接受的。父母答應孩子一件事情，如果沒有兌現，孩子就會說「大人說話不算數」，這正是孩子對規則的呼喚，必須順應天性做教育。

規則意識培養以下幾點。

第一，要建立家規。就禮貌禮儀、生活起居、承擔家務、鍛鍊身體、認真學習等方面內容，經由家庭會議，把家規確定下來，並明確獎懲，獎勵主要以精神嘉許為主；建立家規要遵循平等、利他、先易後難、不斷補充、互相監督、適時激勵等原則。

第二，父母一定要做好榜樣。孩子不僅聽父母怎麼說，他更看父母怎麼做，父母的行為影響力比語言影響力大 100 倍。父母必須率先垂範，必須講誠信。

第三，嚴格執行。規則一旦確定下來，必須照章辦事，不執行規則不如不建規則，因為有規則而不執行，就等於教孩子不守規則，可以做規則的破壞者。

第四，多為孩子說明社會規則，並多帶孩子進入人際社群。學校上學的規則，商店購物的規則，餐廳用餐的規則，電影院看電影的規則，過馬路的規則，同學或校外小朋友之間和各種人交往的規則……經由對這些社會規則的了解和熟悉，提升孩子的文明素養，幫助他們更好地融入社會。

3. 語言敏感期（2至4歲）

一般的孩子一歲半就進入了語言敏感期，發育晚一些的孩子，兩歲半也會進入語言敏感期，表現就是孩子變成了「話癆」，特別愛說話。學習語言對於成年人來說都不是一件容易的事，但是，對於小孩子，學什麼語言都是母語，很容易。同樣年紀的孩子，父母是台灣人，說中文，孩子就能學會中文；父母是英國人，說英語，孩子就能學會英語。生命就是這麼奇妙！有無限能量，有無限可能。

語言敏感期培養以下幾點。

第一，胎教時做好聽覺語言開發。孩子的語言發展，是從「聽」開始的，「聽、說、讀、寫」是每個孩子語言發展的順序。在胎教時期裡，雖然孩子只是一個胎兒，但是他有聽覺，父母應該重視孩子聽覺語言的開發，讓他們聽胎教音樂、聽歌曲、聽爸媽講故事。

第二，聽覺語言和視覺語言一起開發，並指讀繪本識字。孩子出生了，他開始有了視覺，除了要聽，他還要看，所以，聽覺語言和視覺語言要一起開發，聽音樂、聽兒歌、聽故事、看圖畫、看實物（物品或動植物），父母要挑選好繪本，指讀教識字，為孩子未來能夠獨立「攝取」打基礎。中文是象形文字，孩子在聽講繪本，或是抽認卡訓練時，自然而然地認識了更多的字。在聽看過程中和孩子交流思想和情感，重複地聽和看，孩子就會把感受和記憶的內容「加工」成

第三章　孩子有成長規律

他自己的內部語言,突然有一天,他就會張口說出來,這便是看圖說話、看物說話。

第三,培養孩子說句子。一歲半左右,孩子開始進入語言敏感期,他要把內部已經「儲存」的資訊及其聯想所「創造」的內容「吐」出來,同時,還要吸收更多新的資訊和感受(這再一次證明了孩子愛學習是天賦!),這就指引(或者說是孩子無言地要求)父母要把利用繪本講故事做得非常專業,並且父母還要透過「指圖發問」、「指物發問」,引導孩子從一個短句子到幾個短句子、從一個長句子到幾個長句子來表達;孩子到了兩、三歲,已然成為了標準的「話癆」,隨著生理發展,孩子能做很多動作,行、走、坐、臥、攀、爬、跑、跳、拋物、要東西,他聽、看、體驗的事情越來越多,能說能做的事情越來越多,「視野打開了」,有「想法」了,他可以表達的內容就越來越多,語言發展進入「高速公路」。

第四,高品質陪伴,提供孩子更高水準的「養分」。孩子會用問的方式,「請求」父母「供養」,他能問父母「十萬個為什麼」,如果「養分」輸送不上去,就耽誤孩子生長;同時,孩子認字越來越多,從單一地聽父母講,到聽講過程中和父母有少許交流,從指讀識字到自己看繪本,再到跟父母「互相傾訴」,交流越來越多。3歲的孩子是可以「自創」故事講給父母聽的,父母要會正面評價,即時給予肯定、讚美,這會激勵孩子更愛聽書、更愛識字、更愛閱讀、更愛講故事。

進入幼稚園，孩子有了「社會」，有了更廣泛的交流，和不同的孩子玩耍、互動，孩子語言發展增加了一個重要的外部條件──新環境、新人群，從這時到上學以至整個小學階段，父母要陪伴孩子讀更多的書、見識更多的事物（遊歷）、做更多的實踐（如勞動）。

第五，為「講」打造舞臺。為孩子打造表達的舞臺、把孩子的所見所聞所感「發揚」出去，是激發孩子更愛學習的最佳方法，如演講比賽、辯論比賽、知識比賽等等。要運用多元評價系統來評價孩子，讓所有孩子都能獲得成就感。

孩子離開幼稚園的時候，識字量已經可以達到600至800字。上小學前識字多、閱讀多，理解能力就強，上學能讀懂題目。很多一、二年級的孩子做錯題目，不是因為他不會，而是他沒讀懂題目。在孩子小學畢業以前，如果把握語言敏感期這個教育契機做對教育，孩子養成了「愛聽──愛講──愛讀──愛做」的好習慣，他就會越來越優秀。而且，到了小學高年級，孩子寫作文就特別輕鬆。

依道而行，培養孩子就能「四兩撥千斤」。父母會感受到生養、教育以及陪伴孩子生命成長的旅程是多麼的快樂和幸福！並且對孩子的人生未來滿懷憧憬！

4. 人際關係敏感期（4至6歲）

人際關係環境，是一個人社會化發展的必須媒介。在成年人的世界裡，人際關係就是生產力。孩子對人際關係的需

求是天性。所有小孩子都愛玩水，一群孩子一起打水仗，他們會無比快樂，水是使他們融合在一起的媒介；一個孩子不愛玩雪，但看到一群孩子都在玩雪，他也會快樂地融入其中，他不是先喜歡玩雪，而是因為先喜歡人際關係環境，所以才喜歡雪，雪是把孩子們連繫起來的媒介；一個班級的同學都愛學習，新來的同學就會很快也愛上學習，因為學習使他們凝聚成一個快樂的班級……而在人的一生裡，人際關係能力的奠基就是在四到六歲的人際關係敏感期完成的。

人際關係敏感期培養以下幾點。

第一，在家庭中賦予孩子平等地位，讓孩子有「重要一員」的感覺，他就會非常樂於參與家庭事務，思考、表達就得以發展。

第二，學習傳統經典文化，如《論語》、《弟子規》等，讓孩子開始接受聖賢思想的薰陶，這是生根的教育。

第三，多做人際關係實踐，如幫助孩子建立人際「社群」，環境的作用最大，人都是環境的產物，小孩子經常在一起交流、碰撞，使孩子在關係中自己找到最舒服的位置，同時，引導孩子奉獻自己、幫助別人，並及時給予積極評價，讓孩子感受到付出的美好。

第四，培養孩子「多元體驗」、「多才多藝」以及表達能力（參見語言敏感期），孩子體驗的事情越多，孩子的知識儲備

越多，能講出來的內容越多，影響力就越大，甚至成為別人的榜樣，這種成就感又會激勵孩子繼續努力學習，良性循環讓孩子樂在其中。

第五，多帶孩子「開闊視野」、「遊歷見世面」，在遊歷中學，在情景中教，父母講得專業，遊歷中又注重和孩子多做些討論，聖賢們「謹而信，泛愛眾，而親仁」等思想就會滋養到孩子，逐漸地形成孩子的人際關係準則。

5. 閱讀習慣敏感期（4.5至5.5歲）

如果在閱讀習慣敏感期裡，父母能做好榜樣，並且幫孩子挑選高營養的好書讀，同時父母和孩子一起同學共修，為孩子做好正向引導，養成閱讀習慣，孩子的教育就基本完成了。

閱讀習慣敏感期培養以下幾點。

第一，選好書。傳統文化的書（繪本、漫畫）、國內外經典兒童讀物、孩子感興趣的書。

第二，營造一個讀書的環境。孩子的房間既是居室，又是學習室，還兼做「書房」，安靜、遮光、有書櫃、有書桌、有檯燈，使孩子的身體和精神放鬆、愉悅。

第三，父母導讀。激起孩子讀書興趣，同時，父母和孩子同讀一本書，隨時進行交流，在交流中進行引導。

第四，用講帶動寫。費曼學習法告訴我們：教是最好的學習方法，所以要引導孩子為了講出去、教別人而寫讀書大

綱、把所讀的內容內化、深化，這既訓練了邏輯，又鍛鍊了口才，如果一個孩子從小這樣模擬五部名著，就很可能會成為小作家。

第五，為孩子創設「讀書分享會」、「讀書演講會」、「讀書報告會」。把所讀所感所想付之於行動，「發揚」出去，孩子們的感想互相碰撞的過程就是互相激發的過程，每個孩子把自己未來的行動想法公開講出來，就是在做「公開承諾」，大大提高孩子自覺執行直到執行出結果的可能性，父母們只要欣賞並給予即時肯定和激勵就夠了。

6. 文化敏感期（6至9歲）

六到九歲期間的孩子，探究萬物奧祕的需求十分強烈。這時期的孩子，心田像是一片沃土，特別渴望接受大量的、美好的文化播種。生理上，為因應身體成長，孩子對食物的需求越來越大；心理上，因為一定要生長，孩子對「精神食糧」的需求越來越多，而且對「精神食糧」品質的要求越來越高。所以，文化敏感期是對孩子進行生根教育的關鍵時期。

文化敏感期培養以下幾點。

第一，營造書香家庭氛圍，薰陶孩子。有條件的家庭要布置一個公共書房，沒條件設立公共書房的家庭，可以在父母的房間或客廳裡設立「書角落」，傳統文化的書不可或缺。要有幾部中華經典，如《論語》、《大學》、《中庸》、《孟子》、《道德經》等，這樣全家人能常常聊聊傳統文化和歷史。

第二，父母和孩子同學共修傳統文化，並將其付諸人生實踐去體驗。比如和孩子一起學《論語》，體悟「吾日三省吾身」、「不遷怒，不貳過」，在理解了含義之後，可以確定一個全家人共同的實訓題目——在每週的家庭會議上，找到自己這一週裡最大的兩個收穫，其中一定還要包括遇到的問題或對不足的自省，歸納經驗和教訓，這樣堅持半年，父母就會發現孩子分析問題、解決問題的能力越來越強，自身修養和自我要求越來越高。

第三，帶孩子或支持孩子多參加一些文化教學活動，還可以帶孩子參觀各種展覽，不斷地擴展孩子文化視野，增加孩子的文化素養。

第四，為孩子創設文化交流平臺。讓更多在傳統文化中接受薰陶的孩子，進行交流、切磋，使孩子們互相滋養，相得益彰。

第五，讓孩子教別人學習傳統文化。或父母做學生，或無償地教親朋好友的孩子，或在家錄製短影片，在朋友社群或新媒體平臺發表，把孩子講出來的東西「發揚」出去，會獲得很多的「讚」，孩子會非常享受那份成就感。

第六，帶領孩子或支持孩子做社會公益。這是孩子學習傳統文化的實訓，經由做社會公益，讓孩子體會「己欲立而立人，己欲達而達人」（《論語・雍也》）、「先天下之憂而憂，

後天下之樂而樂」（范仲淹〈岳陽樓記〉）的美好，潛移默化、循序漸進，孩子就會萌生出家國情懷、天下之志，胸有壯志，就會自動自發。

第七，向「東西會通」的方向擴展。從學習民族的傳統文化開始，有了「根」以後，孩子應該慢慢地學習一些西方文化的東西，文化敏感期與藝術敏感期大部分是交集，所以應該學一點西方藝術，透過一個建築、一幅名畫，講一段西方興衰歷史。大家都知道一幅畫叫〈蒙娜麗莎〉（Mona Lisa），是李奧納多・達文西的代表作，達文西是怎樣的一個人？他對歷史有什麼貢獻？那段歷史對中華文明及未來有什麼啟示？透過向「東西會通」方向的擴展，父母再加以引導，孩子不僅能開闊視野，文化自信及民族自豪感也會確立起來。

心理營養

什麼叫心理營養？就是指孩子生命生長過程中獲得美好心理感受所需要的精神養分。吃均衡的食物，長健康的身體；「吃」充分的心理營養，「長」美好的心靈。充分的、美好的心理營養是孩子一生幸福的基石。遺憾的是，今天大部分孩子心理營養都嚴重缺失。

1. 無條件接納（0 至 3 個月）

孩子剛剛出生不久，非常脆弱，雖然不會說話，但有感覺、有感受，孩子最初就是靠感覺來認知世界的。對於這個階段的孩子，媽媽的作用非常大。美國心理學家哈利・哈洛（Harry Harlow）有一個著名的恆河猴實驗，實驗者只給新生的嬰猴提供了兩個「假媽媽」，一個是掛著奶瓶的「鐵絲媽媽」，一個是沒有奶瓶的「絨布媽媽」。實驗發現，嬰猴只有在喝奶的時候才會去找「鐵絲媽媽」，剩下的時間都待在溫暖柔軟的「絨布媽媽」身邊，依偎、擁抱著它。同為靈長類動物，人類嬰兒又何嘗不是如此？母子雖然生理臍帶斷了，但精神「臍帶」仍緊緊相連。孩子對媽媽的狀態很敏感，媽媽的體溫、媽媽的氣味、媽媽的喜怒等等，孩子都能感覺到。但無論如何這是一個理性未開的嬰兒，無論是哭、鬧、便、尿，父母必須無條件地接納。這是這個生命的需求，儘管你不知道他長大後會不會聽話、會不會頂嘴、會不會不好好學

習、會不會惹你生氣、跟你吵架、讓你焦慮、讓你惱怒⋯⋯父母都要心甘情願地無條件接納剛剛出生的孩子。

2.「最重要」（0至3個月）

孩子需要感受到在父母的生命中他們是最重要的。不管媽媽累不累、病沒病、舒服不舒服，只要我餓了、尿了，你都會立刻放下你自己的不適來照顧我，這種心理需求是天然的。媽媽在生產後，體內會分泌大量荷爾蒙，導致奶水「豐盛」，同時母體還不斷分泌催產素，讓媽媽感覺到為孩子供給一切都特別享受。如果這個時期，媽媽情緒不好，或者夫妻吵架，孩子「重要他人」感覺就大大降低，在孩子成長的過程中，父母在孩子心裡的地位和影響，非常可能被有重要影響力的他人所替代，而形成「異化」人格，「重要他人」對孩子的人格形成具有決定性的作用，這就是大部分孩子都和父母很像的原因。

3. 安全感（4個月至3歲）

下雨打雷，孩子會撲進媽媽的懷裡，一遇到危險，孩子就會叫媽媽，媽媽走路走得快，孩子就搖搖晃晃地拉住媽媽的手⋯⋯這是孩子心理對安全感的需求。媽媽要保持情緒穩定，夫妻要保證關係和諧，這是孩子安全感最基本的家庭環境來源。帶孩子去外面熟悉事務、環境和人，並告訴孩子怎麼做和外界接觸是安全的，在家中用電、用火如何保證不受傷害，這些都是父母該做好的安全感教育。四、五歲的孩

子還拉著媽媽的衣角,十歲的孩子還不敢過馬路,都是缺少安全感滿足。究其原因,無非是父母的夫妻關係不好、三至四歲以前父母一方或雙方長期不在孩子身邊陪伴等。安全感「吸收」得越多,孩子獨立得就越早。

4. 肯定、讚美、認同(4至5歲)

孩子發育到四、五歲,進入了生命過程中的第一個獨立期,開始有了「我」這個意識。別人想進他的房間,他會說「這是我的房間」,媽媽想拿他的玩具給別的小朋友玩,他會說「這是我的玩具」……這是在「宣示主權」,他是「主人」,等於告訴父母或他人:「沒有我同意,不許……」、「必須經過我的同意」。對這個時期的孩子,父母必須承認他的「地位」。滿足他的心理需求的方法就是不斷地給予肯定、讚美、認同,尤其是父親的肯定更重要,因為父親身上更有陽剛之氣。

此外,還要給孩子身為家庭「重要一員」的感覺,經常說「我喜歡你」、「你的想法非常好」、「你非常棒,是媽媽的好孩子」等語言,絕不可以無視孩子。父母今天無視孩子,孩子未來就無視父母。

5. 學習、認知、模仿(6至7歲)

這個階段,孩子的腦波發生了首次躍進,智力急速成長,腦重量大約能夠達到成年人90%左右,又恰是學齡,這時期孩子特別需要的心理營養就是學習、認知、模仿。學習

第三章　孩子有成長規律

文化知識，體驗人際關係，模仿心中榜樣，孩子由於這樣的心理需求滿足，會快速地成長。注意，孩子第一個學習、模仿的榜樣就是父母，因而父母必須不斷學習，提高修養，做好榜樣；其次是老師，老師要端正負責、愛護學生、循循善誘，孩子就尊師重道。注意，除了學科、才藝以外的內容，父母和孩子同學共修，是幫助孩子高效成長的重要策略。

6. 尊重、信任、自由選擇（7 至 12 歲）

隨著學齡年級升高，孩子進入了第二個獨立期，有了自己的思想，知識累積越來越多；樂於社交，非常願意交往，對朋友忠誠；在學習、生活裡，有了很多體驗，累積了很多實務經驗，且保持著旺盛的探索精神，認為自己「特別有能力」，於是「主人」感很強烈，這個時期最需要的心理營養是尊重、信任、自由選擇。父母如果簡單粗暴地替孩子做主、下命令，孩子會非常不開心，一定會產生對抗，溝通障礙、叛逆的風險也會隨之而來。例如，每天吃完晚飯後，都是孩子去洗碗，某天吃完晚飯，正當孩子站起來要去洗碗的前一秒，媽媽說「快去洗碗吧，洗完碗好學習」，孩子感受會非常不好，一個人主動做一件事情，和被命令、被驅使去做，所獲得的成就感天壤之別。孩子對某一科老師看法上出現偏差，父母不可以直接告訴孩子該怎麼做，而可以跟孩子分享自己的分析，也可以跟孩子分享自己或他人的類似人生經歷，引導孩子找到幾個方案，然後對孩子說「你決定怎麼

辦?」當聽到孩子處理這個事情的結果後,父母說「你真棒,比我預料得更好」,孩子會非常開心。

7. 獨立性(12 至 15 歲)

孩子進入了青春期。所謂青春期,是指孩子從幼稚期向成熟期的過渡,是生命成長歷程中荷爾蒙推動的一段「重要里程」;這個時期裡,腦波發生第二次躍進,智力又一次急速成長,腦重量幾乎和成年人一樣了。青春期的孩子有哪些特徵呢?第一,徹底的獨立。四到五歲是孩子第一個獨立期,八、九歲是第二個獨立期,12 歲以後是第三個獨立期,這一次孩子要堅決徹底地獨立自主;第二,追求與眾不同。他們對奇裝異服感興趣,對髮型色彩有興趣,目的就是要引起他人的注意,並向他人宣示「我就是我」;第三,願意結交好友。社交是這個時期孩子的一個重要需求,「掙脫」父母的同時,要投進人際社群;第四,片面性。知識和經驗畢竟有限,因此看問題容易片面,做事情容易衝動;第五,易變性。翻雲覆雨,變化無常,躁動不安,這週跟 A 同學好,下週就「分道揚鑣」了;第六,對異性有「探索」欲。上課常因觀察異性而分心,下課怯怯地想和異性接觸,心怦怦地跳,臉會變紅,頭會低下;第七,特別需要「支援」。孩子最希望支援他的人就是父母,但又想「掙脫」父母,十分矛盾,父母常說愛他,如果到了人生「關鍵」的時候,父母卻無法支援,孩子就會非常失望,這個時候父母要是再出來阻止對異性的探索,

第三章　孩子有成長規律

孩子就會因「愛」生「恨」，關上溝通的心門，抑或產生對抗。

無論怎麼樣，孩子就是要獨立，立得住、立不住都要立。這是孩子最重要的心理營養。滿足孩子這個心理需求，對父母提出了最「嚴酷」的挑戰，如果父母不專業，不懂孩子的生命特徵，不懂科學教育規律，不精通深度溝通技巧，「憑直覺」做教育，收穫的肯定是惡果。現在，80%的中學生都有叛逆行為，根源就在這裡。學習改變命運，教育成就未來。這要求父母能夠悅納孩子的現狀，應用同理心技術和孩子溝通，在學科之外，增加和孩子在一起的共同經歷，透過和孩子同學共修一門文化課程或一同參加一次文化遊歷，分享所見世面、歷史文化、榜樣精神，在促進親子關係和諧的同時，無為地培養孩子樹立遠大理想以及建立深度邏輯思考能力，孩子的心智就會早些成熟，價值觀就能早些確立。

敏感期是最重要的教育契機，心理營養是最好的精神「食譜」，這兩大規律都是「上天」給父母的指引。「時機」告訴父母了，「食譜」告訴父母了，接下來就考驗父母的「廚藝」了——教育思想和教育技能。從小到大，如果一個孩子得到過足夠的心理營養，他會長成最好的自己——因被愛得富足而有博愛的能力、因信任和尊重而能獨立自主、因被引領被支持而能將人際關係處理得圓融得當、因遠大理想和頑強鬥志而獲得巨大成就和榮譽，活得自信，活出精采。

第四章
道法自然

　　讓孩子成長的最大策略是給予正確教育，讓自己幸福的最好方法是培育優秀後代。

　　天下父母都有「望子成龍」、「望女成鳳」的偉大夢想，那麼，如何做一個會做教育的優秀父母？想要用正確的教育來「引爆」孩子生命這個小宇宙、使他生出「萬有」，父母必須努力學習改變，成為「教育家」。

　　怎麼做一個優秀的父母，一百個教育家，就有一百零一種說法，父母到底應該教育孩子什麼？需要具備什麼樣的素養和能力？本章我將基於《道德經》「道法自然」的哲學思想和大家一起探討教育的道與法。

第四章　道法自然

樹理論

「人法地，地法天，天法道，道法自然」。大自然早已經用一棵樹的「相」，告訴了我們如何做優秀父母，育人如樹木。大自然怎麼哺育樹成材的，父母就應該怎麼育人。讓我們一起來探討天地造物主是怎樣把一粒種子養育成參天之木。

圖 4-1 樹

土地「厚德載物」，萬物皆能生長，而且能長成最好的自己。把一粒樹種放進土地裡，經過一定時間的潤化後，發生一系列神奇的變化，破殼── 生根 ── 發芽破土 ── 長莖成幹 ── 開枝散葉 ── 開花結果（新種子）── 歲月更迭，樹長成棟梁之材。一棵樹成材的生長過程，便是孩子的教育過程，教育邏輯、教育內容、教育結果都昭然若揭，赫赫在目。我命名為樹理論，教家長成為專業教育家。

1·萬物生長先生根，培養孩子先教做人，這是孩子成長的動力來源

種子落進土地裡，經過潤化，它最早破殼而出的部分叫做根，而且根方向感特別強，它一定向下扎，去吸收更多的營養，為生命向上生長提供營養和動力。育人如樹木，孩子

的教育首先是父母要為孩子這個生命提供一片「土地」——科學的培養基，因為土地「厚德載物」，土地的特徵是營養好、營養元素多元、營養量豐富，我們父母就要為孩子提供這樣的「培養基」，潤化到一定時刻，孩子的生命就會「破殼、生根」。這個如土地一樣的「培養基」，營養好、營養元素多元、營養量充足，我命名為「全素養教育」，文史科哲、古今中外、數理化生、琴棋書畫、四方遊歷、多元探索、體驗實踐。在全素養教育中，最重要的是「生根」教育。「生根」教育最好的「養分」一定是傳統文化——「經典文化」，孩子的理性、情感、意志，不經過傳統文化的洗禮，「根」就不可能扎下去，人沒有「根」，就一定隨波逐流。孩子天生就愛學習，全素養教育過程中，我們一定會發現孩子最感興趣的方面，沿著興趣方向，擴開視野，塑造美好、講榜樣故事、畫人生藍圖，並持續激發，孩子的邏輯思考就會快速提升，理想就會樹立起來。

透過以上分析推理，我們應該明白，「生根」就是做人的教育，就是培養孩子的道德、責任、理想、信念；「生根」最好的養分是傳統文化，「君子務本，本立而道生」。孩子有了家國情懷、遠大志向，就會爆發出強大的內驅力，愛學習、拿高分、上名校是自然而然的事，是「無為而治」、「道生之」。

第四章　道法自然

2. 樹要長得高大，根一定是扎得深、扎得寬，而且終生都在扎根

對孩子的做人教育要深厚、要持久，不可以停止，該「止於至善」。如果根扎得膚淺，樹就不會長高，因為它吸收不到大地深處的高營養，風一吹就倒掉了，就像牆頭蘆葦，支撐一棵樹不斷向上長高的是一個越來越「龐大」的根系。如何讓一個人立得住？就是基礎的教育不能鬆懈。「家庭是人生第一所學校，父母是孩子第一任老師」，父母要以身作則，培養孩子的道德、責任、夢想、信念，不是幾年之功，是父母一輩子的教育任務，要做深做久，要深入骨髓，要內化成「精氣神」。社會的誘惑太多了，也太大了！父母要幫助孩子把握住人生。做學問，就一心向學；做官，要一心為民；「不忘初心，方得始終」。

3. 樹一定會向上生長，孩子與生俱來是上進的，有高自尊取向

我們能看到的樹，不管經歷什麼狂風暴雨、電擊雷轟，它一定要在困境中努力向上生長，不可遏制。一天、兩天我們看不到它長高，但是兩年、三年過去，我們一定能發現它長高了一大截；「百年樹木」，歷經百年滄桑，我們會看到一棵棟梁之材。和樹木生長一樣，孩子對自尊滿足的要求越來越高，這提示父母，教育孩子一方面不能傷到孩子的自尊心，另一方面還要不斷地幫助他獲得更大的成就感。樹被砍

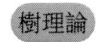

了，就會停止生長，且要花費很多自身能量「自癒」，但即使「自癒」了，也一定會留下「疤」。孩子也一樣，父母的教育一旦傷到了孩子的自尊心，他會停止進步來進行自我修復，即使「療癒」得好，心裡也會留下傷疤。如何在保護好孩子自尊心的前提下做好教育，是做優秀父母的必修課。

4. 枝靠柔性保護葉子和果，教育孩子一定要培養高EQ

無根不生幹，無幹不生枝，無枝不生葉和果。無論風吹雨打，枝總是靠柔性「順勢」而活，適應樹木生長的外部環境。枝的柔性對應人的教育，就是社會適應能力、人際關係能力，也叫做高EQ，人要有彈性，即忍讓、包容、迂迴、圓融的能力。「天下莫柔弱於水，而攻堅強者莫之能勝」、「弱之勝強，柔之勝剛」。EQ理論告訴我們一個成功公式：成功＝20%智商＋80% EQ，智商是成功的基礎，EQ是成功的關鍵。

5. 葉子吸收二氧化碳，釋放出氧氣，這教育孩子要培養奉獻精神

「天之道，利而不害」、「上善若水」、「善利萬物而不爭」，這般境界多美好！葉子做到了。在光合作用下，葉子吸收二氧化碳，釋出氧氣，造福於人；人際關係裡，也需要像葉子一樣的人，承擔責任，奉獻自己，樂於助人，還不爭榮譽得失，誰不喜歡啊！如果一個團隊裡，有奉獻精神的人多，這個團隊就和諧，少出麻煩，人在其中就快樂多些。

第四章　道法自然

6. 根深果一定好，家庭教育的「著眼點」、「施力點」一定在「生根」上

根深，幹就壯，幹壯就枝繁葉茂，碩果纍纍。「根深」和「果好」正是因果邏輯。根據這個哲學原理，教育孩子重視分數就錯了，而是應該重視拿高分的那個因——學習動力、意志品質。如果孩子有，那他什麼困難都可以戰勝，什麼書都能讀好。如果家庭教育從小培養孩子道德、責任、夢想、信念，孩子未來一定會愛學習、拿高分、上名校、早成功。

7. 樹木是在大自然環境下長成棟梁之材的，父母要為孩子營造自然生長環境

樹木長成棟梁之材必生於荒山野嶺，要經歷百年的風霜雪雨、酷暑嚴寒，溫室裡永遠都長不出棟梁之材。培養孩子要讓他融入社會，要經歷各種磨難。如做家務、攻克學習困難、做競技運動、體驗困苦生活、參加生存挑戰、參加意志力訓練等，溺愛下的孩子和成才毫無關係。現在孩子的意志力都急需磨鍊提升。遇到困難就逃避，遇到挫折就放棄，被父母訓斥一頓、被老師罰站一節課，就厭學、輟學、跳樓自殺⋯⋯「寶劍鋒從磨礪出，梅花香自苦寒來」、「不經歷風雨怎麼見彩虹？」

8. 揠苗助長的苗一定死，培養孩子要遵循規律，不疾不徐

樹從小苗到長成參天大樹，需要歷經百年，如果園丁覺得樹長得太慢，人為地向上拔一拔，苗一定會死掉。教育規

律、生命規律不可違。培養孩子不能急也不能慢。社會很躁，父母很急，總想看到孩子「超越式」成長，忽視孩子多元探索，只是重視分數，所以大量補習、超前學習，這都是揠苗助長。無數事實證明，所有心急地跟孩子要求成果的家庭教育，都存在著「無限」危機，幾乎都以付出孩子身體健康、毀掉親子關係、破壞親密關係以及孩子未來的巨大代價而失敗告終。

綜上，我們可以總結出培養孩子的邏輯。

除了科學胎教之外，要全素養教育「潤化」——敏感期做「重點開發」——發現興趣並同時做「生根教育」——系統規劃、科學引領、持續激發、培養意志力。

綜上，我們可以總結出優秀父母的素養和能力。

在懂得教育邏輯的前提下，第一，懂生命規律；第二，懂教育規律；第三，有傳統文化素養，這是孩子生根的最優質養分；第四，和孩子做「學伴」，一起學習動力課；第五，支持孩子進入生根的社會教育，多元嘗試、多元探索；第六，和孩子在家庭中學以致用，落實到日常實務中；第七，精通高效溝通技術，會傾聽，說對話，溝通力就是教育力；第八，做孩子的好榜樣，身教永遠勝於言教。

大道至簡，唯有父母好好學習，孩子才能茁壯成長。

第四章　道法自然

教練型家長

我們驚喜地發現，在中華文化的漢字文化中，揭示了家庭教育系統論。

1.「教」＝孝＋子，告訴我們家庭教育的主要職責是以孝文化為核心的做人教育。孝父母、愛他人，講習優秀中華傳統經典。

2.「練」字揭示了家庭教育的主要學習方式，那就是父母帶著孩子反反覆覆、日久天長地堅持實踐。孩子從不做家務，他怎麼會知道媽媽辛苦？不知道媽媽辛苦，他哪裡會有感恩之心？

教練型家長的5種角色

1. 夥伴

在同一時間、同一地點和孩子做著同一件事,這叫夥伴。在上一章我們講到人際關係敏感期,孩子與生俱來就需要「關係」,這給了父母施教的大好機會。孩子在自己玩玩具,媽媽在擦地,雖然同處一室,但不叫陪伴;媽媽和孩子一起做遊戲,但沒有引導、沒有激勵,這不叫高品質陪伴。陪伴孩子的過程,非常有利於培養親子感情、提供幫助、建立信賴、實施引導、適時激勵,讓孩子越來越有自信。

2. 朋友

很多人愛炫耀自己朋友很多,究其實,大都是酒肉朋友。「友直,友諒,友多聞」者少,「友便辟,友善柔,友便佞」者多,「以文會友,以友輔仁」少之又少,大都唯利是圖。教練型家長朋友角色的功能主要是幫助孩子,尤其是有難同當。孩子在學校被老師批評了,父母若站在老師那邊,就成了孩子的對立面,還會讓孩子更恨老師,父母就成了強化仇恨的人;若父母站在家庭教育主體的立場,承擔孩子教育失職之責,老師會更尊重這樣的父母;同時,讓孩子覺得父母特別「夠意思」,為他分擔責任。感受到了愛,孩子一定會為愛而努力!對自己所犯的錯誤會更快更好地改正!

第四章　道法自然

3. 老師

老師是終身學習者，身教言傳者。父母是對孩子施教最早、影響最大、相伴最久的人，孩子不僅聽其言，更觀其行，而且一定會模仿，所謂身教勝言傳。

4. 上司

上司是規則制定者，是執行規則的管理者，施行管理的主要方式是影響力和職業權力，父母教育孩子主要靠影響力。父母的影響力不是要求來的，是父母的思想、言行令孩子佩服才獲得的。父母的文化素養怎麼樣？溝通能力如何？職業成就是否傑出？尤其是德行高不高尚？都深刻地影響著孩子，潛移默化，潤物無聲。教練型家長的上司角色主要功能是獎勵、批評、評價，一般是在嚴格執行家規時或是道德方面出問題時才使用。

5. 長輩

教練型家長的長輩角色主要功能是教孩子愛父母，藉由示弱，把更多責任交還給孩子，然後去激勵他的成就。有些父母界限不清，經常把晚輩當「祖宗」、「太陽」，而在學習方面，又常做「命令者」、「批評者」，常常擺布孩子，有時還跟孩子「哭窮」，希望博得孩子同情。

亞伯拉罕・馬斯洛（Abraham Maslow）的需求層次結構認為，人類的需求可以分為幾個層次，分別為：生理的需求、

安全的需求、歸屬和愛的需求、尊重的需求、認知的需求、審美的需求、自我實現的需求。家長扮演這六種角色，本質上就是在滿足孩子的前幾種需求，讓孩子心理健康、人格健全；同時也在激勵孩子建立理想信念，從而努力滿足自我實現的最高需求。

第四章 道法自然

教練型家長的 12 項教育原則

樹理論闡釋了教育之道，本段我們根據教育之道來研討教育之法。

1. 德先原則

要把道德教育作為家庭教育的第一要務。所謂「道」指規律，是真理；德是依道而行，故稱為德行。道德是指調整一切關係和行為的準則和規範。道德教育作為家庭教育的第一要務具有必要性和科學性。在現實教育實務中，培養孩子尊親、尊師、負責、愛人、奉獻、誠信等品格就是貫徹德先原則。

2. 平等與尊重原則

人與生俱來有高自尊需求，希望在一切關係裡，被平等對待，且「暗藏」著「重要人物感受」的需求。給予孩子平等地位，有利於提升孩子獨立、擔責以及分析問題、解決問題的能力。賦予孩子平等地位的幾個做法：一是叫名字。不要叫小名或「暱稱」，暗示「弱小」，要讓孩子感覺到自己是重要一員；二是承擔家庭責任。如建家規、做家務；三是傾聽並重視孩子的思想表達。在每週的家庭會議上，鼓勵和引導孩子積極思考，暢所欲言，並對孩子的表達給予鼓勵；四是請孩子協助解決問題。父母把工作中的難事，分享給孩子，讓孩子幫你分析、提出方案。絕不可以輕視孩子，認為他年紀小，什麼都不懂，別忘記孩子「無」中藏「萬有」。

3. 無為原則

讓孩子知道教育目的，教育效果就打折 50％以上。所以，永遠都不要讓孩子知道你的教育目的。《道德經》上講：「聖人處無為之事，行不言之教。」所有掌握了規律的人，順應規律而為，就能潤物無聲，「不顯山、不露水」。

4. 趣味原則

孩子最初是靠心理「感受」來認知世界。所以教育要設計得有意思，使孩子在遊戲中學習，同時，還要經由多種體驗以實現教育，比如「廚藝」課、「鐵藝」課、「話劇表演」課、「服務學習」課、「訓練營」以及各種遊歷見世面等等，孩子們就是在「做中玩」、「玩中學」及老師的「做中教」過程中，悄悄地「長大」了。

5. 團隊原則

卡爾・馬克思（Karl Marx）認為，人是一切社會關係的總和。人是必須生活在人際關係裡的一種動物，處在人際關係敏感期的孩子更需要人際關係。讓孩子在快樂中相互合作、交流溝通。家庭教育要「補缺」，把體制教育該做但做不了的補充上來，那就是讓孩子融入到「分數評價」環境之外的新環境。

6. 約定原則

凡事都要事前談「合約」並達成共識，才付諸實行。父母不可以想怎麼樣就怎麼樣，從規則意識敏感期開始，就應該注重利用家庭會議商討解決「家務事」，孩子會心甘情願地去

第四章　道法自然

做,並獲得來自父母正確的肯定、激勵和指引。要本著「事前有約定 —— 事中有提示 —— 事後必總結(兌現)」的約定原則,並在這三個環節上分別注意一個重點:「事前有約定」要求必須達成共識,沒有共識的事情不要開始;「事中有提示」要求父母注重過程,適時指引、幫助提示,不可以忽視過程,只等結果;「事後必總結」要求不僅根據結果兌現獎懲,更主要的是肯定、讚美、認同以及總結經驗和教訓,提升孩子邏輯思考能力。

7. 自主原則

誰的問題誰選擇,誰選擇誰執行、誰執行誰負責。90%的父母都在孩子是否自主這件事情上犯錯,不讓孩子做主,而是代替思想,直接下命令,因為這樣做教育簡單,但這背後卻埋下了隱患。父母忽視了孩子生命的奧祕 —— 無限能量、無限可能。只要父母有教育能力,只發揮引導功能就夠了。針對任何問題或事件,可以無為地引導孩子360度看問題,分析出幾種可能性,提出幾種方案,並歸結出所有方案的可能性結果,最後確定自己想要什麼樣的結果而做出選擇。

8. 知行合一原則

培養孩子,需要父母先行動起來,學習走到孩子前面,做為孩子的榜樣。榜樣是具象化的,因而影響力巨大;而孩子天生的一個重要特徵就是模仿,從模仿他人,到成為他人甚至是超越他人,最後超越自我,人生就到達了一個非凡的高度。

9. 陪伴原則

高品質的陪伴帶來高品質的親子關係,高品質的親子關係,是實施教育的基礎。如果說父母是園丁,你不陪伴幼苗,誰來給予養分?小學前的習慣養成階段、幼小銜接階段、小學升國中階段、青春期階段等都是孩子成長的關鍵期,父母應「全程陪伴」;孩子在學校或在家庭犯了錯,也是陪伴的「大好時機」,並且要顯示出「有難同當」的「義氣」,讓孩子感受到他被父母一直關注著、愛著,使孩子內心充滿力量,會促進他改正不足、做得更好。

10. 開放原則

當今世界的一個重要特徵就是「融合」,就是你中有我、我中有你,致使人才再無國界。今天的孩子出國留學已是「家常便飯」,在哪裡讀書,在哪國發展,自由度很大,因為各國都在招攬人才。這要求父母有全球化思想,有國際化視野,父母的視野就是孩子的天空,父母站得高,孩子看得遠。

11. 寬嚴相濟原則

家庭教育的責任是教做人,做人教育的重點是品德,品德教育的核心是「入則孝,出則悌」,孝悌為德之本。所以,在道德方面要求要嚴,要有底線意識,不可放縱;對於學習能力方面的問題可以寬,請好老師幫助查缺補漏,訓練方法,激發孩子的生命內驅力,自動自發愛上學習,主動思

第四章　道法自然

考，挑戰難題，孩子的學習能力就會很快地提升。但如果孩子出現道德類問題，第一，父母立刻要作深刻的反省，一定是自身的思想或行為出了問題，而不是先指責孩子、甚至懲罰孩子；第二，召開家庭會議，分析問題產生的原因，釐清責任者，尋找解決問題的系統性方案，絕不是僅僅要求孩子改正，更需要家長思想正、行動正；第三，根據孩子的「關鍵按鈕」，就孩子承擔責任的「懲罰」措施，透過約定原則，達成協議，開始執行。

12. 激勵原則

人都特別看重尊嚴，因為高自尊滿足是人性決定的。有人說「好孩子是誇出來」，雖然這句話在邏輯上有問題，但人人都喜歡被讚美、被認同，是人性使然。激勵可以讓孩子獲得高自尊滿足，讓孩子內心充滿力量，使孩子有強大的信心向前努力。激勵的方法有很多，一是肯定性評價。對孩子的行為多做積極性正面評價，找出優點進行表揚；二是築夢。找到孩子的潛能方向，講榜樣故事，開闊視野，塑造美好；三是目標激勵。透過學業規劃，提出令人振奮的目標計畫系統，讓孩子能經由規劃看到未來；四是信心激勵。期望理論告訴我們，當一個人對自己所要完成的工作抱有極大信心的時候，更容易完成這個工作。所以父母要多帶孩子體驗，多鼓勵，多為孩子講成功的故事，同時，也講「浪子回頭」、「後浪推前浪」、「鹹魚翻身」的故事，提振孩子信心。

教練型家長的 8 項教育技術

1. 覺察

事前預見或事後發現的能力。父母永遠都不知道自己在犯錯，除非他們經過大量的家庭教育實踐案例學習、感悟。越早具備覺察能力，孩子的教育越有前瞻性，從「亡羊補牢」到「防患於未然」。

2. 聆聽

微笑的臉、注視的眼、前傾的身、頻點的頭、讚嘆的聲。在孩子願意跟你說的年齡好好聆聽，等到孩子不願意跟你說了，甚至反感跟你說了，就是父母焦慮的開始。

3. 詢問

「好溝通是問出來的。」具體地問、開放式地問、正面地問、24 小時內問，詢問的內容包括同學的朋友是誰？同學的朋友的家庭狀況怎樣？某科老師為什麼受歡迎或不受歡迎？發生了什麼快樂或不快樂的事情？做了哪些課外活動等等。

4. 區分

辨別真偽、輕重。父母好好學習，孩子天天向上。如果父母不學習，很難發現孩子成長過程中的思想動態，要和孩子順暢溝通，及時把握孩子的思想，並盡快區分出哪些是正確的，哪些是不正確的，為孩子及時引導。

第四章　道法自然

5. 引導

找對契機，因勢利導。把握教育契機是一門非常專業的教育藝術。當契機出現，父母再用高超的溝通技巧，在描述孩子行為、結果後，給予及時的激勵和指引。

6. 鼓勵

擊鼓以振士氣就叫鼓勵。事前三件事：講清楚做某事的意義；教方法；擂鼓助威，提振士氣。事中三件事：找出優點表揚；提供幫助、校正方法；給予肯定並祝願。家長教育孩子，要把重點放在過程中。

7. 評價

就是評判、估量價值。評價孩子要描述行為和結果，表達父母的感受，並就不足之處或存在問題之處提出改進建議，孩子非常容易接受，能感受到父母為自己「留面子」。所以，可以用評價技巧代替批評和表揚，效果很好。

8. 懲罰

懲，本義為戒止，即對正在犯的錯誤立刻叫停；罰，對所犯的錯誤進行處理。道德類問題，經三番五次地提醒、指正而不改，且妨礙了他人，這種情況一定要應用上司角色，進行懲罰。懲罰可視輕重分為三個等級——口頭批評、剝奪權益、體罰（如多做家務、罰做體育運動等）。

父母教育能力測評

表 4-1 父母教育能力測評表

項目	選項					得分
1. 我總是擔心孩子出現任何問題。	1	2	3	4	5	
2. 在孩子不聽話時，我總是忍不住嘮叨甚至發脾氣。	1	2	3	4	5	
3. 當孩子犯錯時，我經常感到束手無策。	1	2	3	4	5	
4. 孩子在家總是有很多我難以忍受的壞習慣。	1	2	3	4	5	
5. 孩子有情緒時，我和孩子的溝通很少有什麼效果。	1	2	3	4	5	
6. 我經常為孩子不好好吃飯而感到頭痛。	1	2	3	4	5	
7. 我覺得孩子玩手機或電腦的時間太長。	1	2	3	4	5	
8. 我和孩子的關係很好，只有面對孩子做作業或學習時例外。	1	2	3	4	5	
9. 孩子有時候說話會傷人，讓我很生氣。	1	2	3	4	5	
10. 孩子偷拿別人家裡的東西，我忍不住想揍他一頓。	1	2	3	4	5	
11. 孩子有心事經常不對我說，讓我很著急。	1	2	3	4	5	
12. 我總是覺得別人家的孩子更優秀。	1	2	3	4	5	
13. 孩子有喜歡的異性同伴，我會擔心孩子的未來。	1	2	3	4	5	
14. 孩子的學業成績經常不穩定，我擔心孩子的未來。	1	2	3	4	5	
15. 如果孩子和同伴衝突或打架，我會找對方孩子家長理論。	1	2	3	4	5	
16. 我的孩子著急時容易發脾氣，之後會半天以上不開心。	1	2	3	4	5	
17. 孩子老是和我頂嘴，我覺得管不住他。	1	2	3	4	5	
18. 聽到別人誇獎我的孩子聽話、乖巧、懂事，我很開心。	1	2	3	4	5	
19. 孩子的房間總是很亂，我怎麼說都沒有用。	1	2	3	4	5	
20. 我有時候覺得孩子可能有心理問題，不知道是否應該找心理諮商師。	1	2	3	4	5	
總分						

評分標準：下面描述的是你教育孩子的一些情況，請你根據實際情況選擇題目後面的數字。1＝很不符合、2＝不符合、3＝尚符合、4＝符合、5＝非常符合。

結果評估：1. 根據每一項得分，計算總分；分數越高，家長教育素養越低，家庭問題越嚴重；2. 如總分在 0 至 19 分，說明家長教育素養較好，繼續努力吧。

第四章 道法自然

第五章
全素養教育

　　每一個孩子都是帶著上天密碼降臨到人世的天使。你是密碼專家嗎？

　　同樣年紀的孩子，讀同一個年級，甚至是同一個班級，所有科目的老師都相同，學的教材一樣，老師教的一樣，但幾年後孩子們之間卻出現了非常大的差別。學校教育是相同的，社會教育是相同的，不同的就只是家庭教育。我們可以得出一個結論：是家庭教育導致了孩子們的人生結果的不同。或者說，孩子的生命小宇宙能不能被引爆，取決於家庭是否能為孩子提供了正確的教育。父母必須正確理解這個問題，任何無視或懈怠，都可能帶來終生遺憾！

第五章　全素養教育

對家庭教育功能的理解和定位

我們都知道，培養人才的標準是德才兼備。在孩子的培養過程中，學校、家庭、社會都承擔著做人教育和知識技能培養的功能，但學校、家庭、社會又都有自己偏重的主要教育責任。學校教育、家庭教育、社會教育以及學生自我教育構成了完整的教育系統。無論是哪個領域的教育者，都必須清楚自己的主要教育責任，各司其職，各負其責，有機協同。

「父母是孩子的第一任老師」，父母在家庭裡主要要做的教育是「從小教孩子做人，教孩子立志，教孩子創造」，「家庭教育最重要的是品德教育」，做人教育我描述為「道德、責任、理想、信念、EQ」，即綜合精神品格的教育。

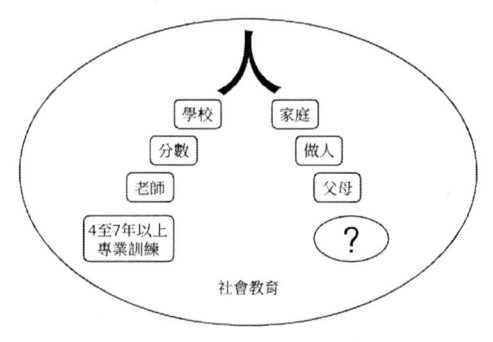

圖 5-1 人字圖

上圖非常清楚地描述了學校教育和家庭教育的主要功能。大家知道這個「人」字圖。「人」能頂天立地，是因為有

一撇一捺的有機結合和相互支撐。「撇」是陽，是顯性的，是能看到的，代表著以升學為導向的學校的學科教育。每個學生學什麼學科？哪位老師教？學生愛不愛學？考試得多少分？排名是多少？都一目了然。「捺」是陰，代表著以成功為導向的家庭的做人教育。孩子有沒有奉獻精神？有沒有責任感？有沒有遠大志向？有沒有挑戰精神？有沒有高 EQ？有沒有強大意志力？等等。如果家庭教育做得好，「支撐」孩子在學校裡自動自發地愛學習、拿高分，自然可以上名校，因為德才兼備，到了社會上很快會被重用、獲得成就。所以，「一陰一陽之謂道」；陰陽和合，便生萬物；凡人所願，皆有可能。

我們說「一撇」代表的是以分數為導向的學校的學科教育，由受過專業訓練的老師教知識。「一捺」代表的是以成功為導向的家庭的做人教育，對學校教育發揮「支撐」作用。家庭教育的老師是父母，父母是孩子的第一任老師，父母這個「第一任」老師教的是做人——道德、責任、理想、信念、EQ……

第五章　全素養教育

生命的潤化

種子生長的第一步是在土地裡面被「潤化」，孩子教育的第一步也該是被「潤化」。

父母要給孩子提供一個類似土地特徵的「培養基」——營養好、營養元素全面、每種營養素都豐富、陽光雨露哺育萬物皆可生長。其中「陽光、雨露哺育」就是父母正確的愛的施教。讓孩子的生命在這樣一個教育「培養基」裡「潤化」，我定義這個教育培養基為「全素養教育」——為孩子的自然生命提供全面的、豐富的好營養，並且發現和幫助孩子成為最好的自己。孩子從小就開始多元嘗試、多元探索、多元體驗。古今中外、文史科哲、天文地理、數理化生、琴棋書畫、自然探索、遊歷見世面、社會實踐和體驗訓練等等，從而發現什麼是孩子最喜歡的、什麼是孩子神經系統高效吸收的，發現孩子的興趣點及潛能方向，在孩子的興趣和生命潛能方向上給予更多的優質養分並持續進行激發。

腦科學向我們證明了全素養教育的科學性。新生兒大腦神經元總數約 1,000 億個，比成年人多 20% 左右，經過訊號

圖 5-2 種子圖

刺激，使神經元之間產生連線，形成迴路，這就是智力。但是，用什麼訊號來刺激能產生什麼樣的連線、形成什麼樣的迴路，我們無法知道；孩子未來是化學家？還是物理學家？經濟學家？數學家？我們無法測定。面對一個「本自具足」的生命，我們以天地為法是最科學的。讓孩子多元嘗試、多元探索、多元體驗，也就是什麼營養都為他提供，讓這個生命自我選擇，我們總會發現某些訊號能夠刺激他們神經興奮，那些孩子吸收特別好、特別喜愛學習的領域，就是孩子的興趣方向。

用全素養教育成功地「潤化」孩子，找到他的興趣所在，需要父母有正確的教育理念，有一定的文化素養和知識視野，能支持和幫助孩子「沉浸」在全素養教育「培養基」裡，不斷地滋養，持續地薰陶。

全素養教育的評價：人與生俱來有高自尊需求。根據這個人性特徵，在體制學校以外的全素養教育中，不僅要堅決地放棄分數評價，更是要倡導「多元評價」。多元評價系統設計的根本原則就是保證參加某一項教育活動的每一個孩子都能夠獲得某方面的成就感。根據人的社會性，我們設計了「團隊原則」，全素養教育提倡團隊成長，在沒有分數評價的環境裡，孩子之間放棄比較，「各顯其能」、「各顯其美」，互相助力，互相激發。我們任何一項教育活動評價系統中至少

第五章　全素養教育

有 20 個評價點,確保所有的孩子都得到激勵,在一項孩子們都快樂的教育活動裡,無為地實施我們的育人教育,「潤物細無聲」。

全素養教育的功能:幫助孩子增長見識、開發大腦、發現孩子興趣和潛能方向;為孩子做「延伸教育」和「生根教育」打基礎。

十大教育

全素養教育課程系統包括十大門類,簡稱十大教育。分別是:傳統文化教育、生活教育、藝術教育、大自然教育、博物館教育、遊歷教育、社會實踐、意志力訓練、學科教育、體育教育。

1. 傳統文化教育

主要指中華傳統文化,既要學,更要行。

學習中華優秀傳統文化具有重要意義。一是培養高尚的道德品格,提升人的精神境界。二是培養正確的人生觀,建立使命感。孩子的使命感有多強,學習動力就有多大。三是培養樂觀的人生態度,文化修養,禮儀道德。

以培養優秀後代為目標導向,我建議所有父母要認真地和孩子同學共修下列傳統經典:《論語》、《中庸》、《孟子》、《大學》、《孝經》、《道德經》等,擇其精華來學。

2. 生活教育

所謂生活教育是指有目的、有計畫地引導孩子參與生活各方面的實踐,錘鍊孩子高尚的道德品格、健康的身心體魄、深厚的人文素養,幫助孩子開發大腦、提升認知、發展天賦、養成習慣,最終把孩子培養成為時代所需要、德才兼備的優秀人才。

第五章　全素養教育

教育家約翰・杜威（John Dewey）認為「教育即生活」。大意：個人在社會生活中，與他人連線、相互影響、認知提升、創新經驗、養成良好道德品格、掌握更多生活知識和技能、獲得成就，這整個過程就是教育。杜威對教育的這個定義比較彰顯教育的自然性。深受杜威影響的教育家陶行知提出「生活即教育」。

其內涵之一：生活有教育的作用和意義。

其內涵之二：生活決定教育。父母的生活理念、層次，決定怎麼培養孩子。

其內涵之三：教育要以生活為基礎，使人擁有更幸福的生活。因為教育能夠創新經驗，創新經驗所創造的新成就，會使生活發生巨大改變。

其內涵之四：強調學習要和實務相結合，不能脫離家庭和社會做教育，必須知行合一。

其內涵之五：既然生活就是教育，那麼，每個人一生的生活就都是教育，這就強調了教育的永久性，結論是：人活著就要學習，即終身學習。漢代文學家劉向寫過一個師曠勸學的故事，其中這段話非常著名：「少而好學，如日出之陽；壯而好學，如日中之光；老而好學，如炳燭之明。炳燭之明，孰與昧行乎？」可見，終生都應該學習。即使年歲已高，只要肯學習，總比「摸黑走路」、拒絕學習要好。終身學習不僅

是老祖宗的智慧，也是當代社會的要求。

生活教育的範疇很廣泛。可分為兩大生活範疇，即家庭生活範疇和社會生活範疇。家庭生活範疇主要包括：家庭日常生活教育、家庭學習生活教育、家庭道德教育；社會生活範疇主要包括：安全生活教育、公共道德教育、學校學習生活教育。

在生活教育內容方面，建議父母們主要把握如下五個方面。

第一，孝悌禮儀。孝敬長輩，尊敬老師，禮貌待人。

第二，承擔家務。凡是生理年齡能勝任的家務，全部歸還給孩子。家務勞動是培養責任感、開發大腦最經濟、最持久、最有效的方法。

第三，養成生活好習慣。作息時間、身體鍛鍊、健康飲食以及管理電子產品等方面要有明確規定，進而養成好習慣。

第四，公共安全和秩序教育。熟悉家外面一切場所的規則，有效防範任何安全風險，不傷害別人，不妨礙別人。

第五，培養學習態度。家庭教育不需要在學習能力方面負責，那是學校的責任；但一定要注重培養孩子好的學習態度，態度決定一切；而好的學習態度除了規則意識作用外，還要靠「生根」教育培養學習動力。

3. 藝術教育

所謂藝術教育，就是指用音樂、美術、文學、表演等為藝術手段和內容的審美教育活動，是美育的重要組成部分。其主要任務是培養審美能力、鑑賞能力以及創造力。教育家蔡元培先生曾說：「美育是最重要、最基礎的人生觀教育」。言簡意賅，可見藝術教育對人的重要意義。

藝術教育對於孩子的培養非常重要。

第一，它是生命早期發展成長的主要動力。胎教聽音樂——促進聽力發育、看畫面——營造情緒環境、講故事——促進神經發展，藝術教育伴隨一個人終生。

第二，能培養孩子認知能力、想像力和創造力。受藝術教育長久薰陶的孩子，發現美的能力特別強，擴散性思考、靈感迸發、創意能力非常好。

第三，能培養孩子特殊感受力。善於自我調適內心感受，幸福感會更高；同時，處理人際關係的能力比較強，善於視覺、聽覺、動覺、嗅覺等多方面綜合感知和覺察，順勢而為。

第四，促進學科學習。藝術感受能力高的人，愉悅感強，想像力豐富，易於攻克難題。

藝術教育範疇也非常廣泛。建議父母做好三件事。

第一,重視文學修養。經典文化、詩詞歌賦等方面,有選擇性、有順序地學習,可以和孩子同學共修。

第二,學音樂、美術鑑賞。將其作為全素養教育內容之一,而不是又多了一門才藝課。不一定按照專業發展來要求孩子,而是嘗試讓孩子體會到美好。

第三,向東西會通方向擴展。西方藝術文化底蘊非常深厚,引導孩子了解西方著名藝術作品以及西方藝術歷史,對於孩子成為國際化人才特別有益。

4. 大自然教育

有目的、有計畫地利用大自然的環境及大自然創造的自然物,作為教育元素、研究對象、教育背景、教育素材、教育工具,有效地培養人的實踐活動,我們稱之為大自然教育。

置身於大自然的懷抱中,呼吸大自然清新的空氣,人得以洗滌;聽大自然的天籟之聲,孩子身心放鬆;看大自然的萬象色彩,激發孩子的想像力;沐浴太陽照耀,感受「天行健,君子以自強不息」陽剛之氣;看大江大河奔流,體悟水的九德,「逝者如斯夫」的緊迫;置身於大自然的懷抱,領略萬物各安其命、各得其所的從容淡定;身處萬物叢中,相信生物多樣性帶給我們的生存真理——每個生命為什麼都能成為最好的自己;徜徉於廣袤天地之間,人一定能理解人為什

第五章 全素養教育

麼敬天拜地,是因為天地壯闊的格局、無私的包容以及博愛萬物的情懷⋯⋯

逃離鋼筋水泥的「隔離」,到大自然裡,孩子們可以展開多種形式的教育。一是植物物種辨識及種植;二是動物生命繁衍和習性觀察;三是地質地理知識;四是標本製作;五是海洋探索;六是爬山健身;七是野外生存挑戰。要將其與孩子的寫作結合起來,並進行多元評價。

5. 博物館教育

博物館採用實物陳列方式,並輔以各種展示效果,使人彷彿置身於真實境況之中。有目的、有計畫地利用博物館資源對孩子實施的教育,稱為博物館教育。它具有實物性、直觀性、社會性、歷史性,代入感特別強,孩子很容易沉浸其中,教育效果非常好。

做好博物館教育的三個關鍵。一是博物館選擇。小學中年級以下的孩子優先選擇科學技術類博物館;小學高年級以上孩子優先選擇文化博物館;所有孩子都優先選擇與最感興趣的事物相關的博物館。二是請專業人士主講。把博物館的知識和文化提升到精神層面。三是深化人文精神並落實到日常生活之中。文化遊覽是一次「充電」,只要父母持續地激發孩子,孩子就會自動自發地向前衝。

6. 遊歷教育

有目的、有計畫地從某個地方到另一個地方遊覽、體察、接受教育稱之為遊歷教育。把書本知識和直接經驗或社會現實相結合,形成體制學校之外的一種生動活潑又令人記憶深刻的社會教育方式。

做好遊歷教育的幾個關鍵。一是遊歷教育目的的確定。如開闊視野、增長見識、滿足興趣、培養學習動力等。二是遊歷教育地點的選擇。中外主要文化聖地、偉人巨匠博物館、中外著名大學等。三是遊歷教育導覽師的講解。必須由經過嚴格訓練過的導覽師擔任主講,由當地配備的講解員做輔助。四是遊歷教育中的團體實踐。在規劃設計中,每天晚上都要有團隊學習計畫,大家相互碰撞,深化感悟,制定各自實踐的計畫。

7. 社會實踐教育

有目的、有計畫地帶領孩子參與社會實踐,在體驗中了解社會、體察國情、明理益智、激發理想、樹立價值觀。這種教育稱為社會實踐教育。

以培養中小學生學習動力和深度邏輯思考為主要目標,我向所有父母推薦下列三類社會實踐教育。一是社會公益。二是社會調查。就大眾普遍關心的問題,確定主題。如幸福感調查、學生學習動力調查等。三是名企參訪。選擇地方著

第五章 全素養教育

名企業,作為參訪對象,盡量涉及多行業,除了參觀生產現場外,要邀請企業家或企業高階主管和孩子們面對面,一方面使孩子們了解更多行業、職業,為他們將來選擇專業方向,設定「職涯錨定」,提高精準度;另一方面因為能和成功的企業家面對面交流,受到了指引,得到了激勵,孩子們會更有動力去學習進步,榜樣的力量是無窮的。

8. 意志力訓練

意志力是指一個人自覺地設立目標,或在他人設立的目標下,能夠根據目標來支配、調節或控制自己的思想和行為,在一定時間長度內,克服各種困難,而實現目標的優秀心理特質。凱利·麥克高尼戈爾(Kelly McGonigal)在《自控力》(*The Willpower Instinct: How Self-Control Works, Why It Matters, and What You Can Do to Get More of It*)一書中講道:「所謂意志力,就是控制自己的注意力、情緒和欲望的能力」。

如今,培養孩子的意志力尤為要緊。每年有數萬中小學生自殺……這與這些孩子的意志力培養有相當大的關係。學習努力不持久,遇到難題就逃避、就放棄;自私自利,心胸狹隘,再被父母控制,就會憂鬱;經不起失敗,受了一點挫折,受到委屈,就跳樓自殺……孩子意志力程度差的原因,一是父母觀念上不重視。很多父母唯分數論,只要學業成績好就是好孩子。二是孩子在家庭教育中被寵溺太過了。三是

父母作為負面榜樣,影響了孩子。四是體制教育未能負起相應責任。體育是培養意志力最長效的方法,但體育課太少,且幾乎被「侵占」。五是社會風氣不良,造成互相「負干涉」。父母都有社群團體,社群中有影響力的父母送孩子去補習,其他家庭就都跟著去補習;人家送孩子學才藝,大家也就帶著孩子跟人家去學才藝;原因非常簡單,就怕輸在起跑點上。家庭教育的責任是什麼?應該如何做好這些教育?

意志力訓練方法。首先我要強調:我們培養擔當大任的優秀人才,必須培養孩子具有強大的意志力。從教育主體責任上來講,這個教育千萬不要指望體制學校教育來完成,一定要靠家庭教育。介紹幾種意志力訓練方法。一是加強體育運動。特別是長跑,運動時間達到30分鐘後,身體會產生「多巴胺」,能讓運動者有非常好的愉悅感,更喜歡運動。二是讀傳統文化書籍,建立理想。任何人都會為了理想而戰,在傳統經典文化中,胸懷天下、矢志不渝的英雄非常多,對孩子有深刻影響,父母和孩子同學共修,孩子心中就樹起了榜樣的高大形象,激勵他發奮讀書。三是做苦難體驗。例如協助貧困地區同齡孩子,住進貧困地區家庭,與當地的孩子同吃同住。四是鼓勵孩子參加意志力訓練營。

第五章　全素養教育

第六章
動力機制

　　孩子的精神世界若不用有價值的東西武裝，就一定會被低俗的東西搶占。「君子務本，本立而道生。」

　　上一章裡我們講到了「生命的潤化」。孩子的生命在全素養教育中被潤化，在清楚確定他的生命優勢和潛能之前，教育者並不清楚他將成為什麼樣的人才，數學家？物理學家？藥學家？哲學家？文學家？無法確定。在小學三年級之前，孩子的認知和思想還很有限，不成熟，不穩定，很容易受外界影響，價值觀尚未定型。孔子說：「吾十有五而志於學」，是說他 15 歲的時候，立了大志開始好好學習。過去講的十五歲，是虛歲，正是今天的小學畢業。也就是說，如果家庭教育做對了，孩子小學畢業會立志的，方向、高度都是清楚的，然後做規劃，持續執行，孩子就能成為他想要成為的那樣的人。人的成長動力來自哪裡呢？我們以一粒種子為例，種子經過充分的潤化後，它會先生根，根是種子發芽破土、開花結果的動力來源，根立住了，就「本立而道生」了。因為根保障著養分的吸收和供應。而我們的孩子就是一粒種子，這一章我們一起討論孩子生長的動力機制，即生根教育。

第六章 動力機制

生長的動力是什麼？

生物科學證明，種子經過一定條件、一定時間的「潤化」後，最先破殼而出的不是向上生長的芽，而是向下深扎的根。生根的過程有三個特點。第一，生根是在土地裡面發生的。人眼看不見，但它確實存在。第二，根生長具有方向性，一定是向下扎。根向深處扎，才能從大地裡吸收到更多的營

圖5-3 生根圖

養，為向上生長提供足夠動力，我們看到的參天之木、棟梁之材，他們的根可能有數十公尺長。第三，當最先生長的主根向下扎到一定程度的時候，主根上開始生出支根，向寬處扎、向斜深處扎。根向寬處扎、向斜深處扎，使樹更有穩定性，不會因風吹雨打而折倒，為樹幹長高「掌握」向上的方向。根是生命生長的動力來源。

種子生長的過程，就是家庭教育培育孩子的過程，這就是「道法自然」學教育。那麼孩子的根是什麼？怎麼讓孩子生根？

家庭教育是生根教育的主要責任者，學校教育是生根教育的幫手。為孩子生根就是培養孩子「道德、責任、理想、信念」。道德主要是培養孩子正直、善良、民族感、家國情

懷;責任感的培養是讓孩子知道什麼是自己該做好的;理想是培養孩子儘早確立人生目標,努力奮鬥;信念是培養孩子頑強的鬥志,不懼困難,敢於挑戰。各位父母,讓我們一起來思考下面幾個問題:

為什麼那麼多孩子心裡沒有父母?孩子心裡連父母都沒有,哪裡還會有國家、有民族?如果孩子決心為榮耀父母而戰,為國家、民族而戰,能學習不好嗎?做父母的,為了培養孩子的道德準備了什麼樣的教育養分?你教給了孩子什麼?

為什麼有那麼多孩子拖拉、叛逆?他們不知道學習是自己的責任嗎?父母辛辛苦苦努力工作、努力賺錢,把孩子送到各種補習班、才藝班,為什麼孩子拿不出好成績?你是怎麼培養孩子責任感的?你是怎樣為他做榜樣的?

為什麼有那麼多孩子沉迷網路、厭學?父母培養過孩子遠大的理想嗎?你是怎樣培養孩子遠大理想的?

為什麼有那麼多孩子憂鬱、跳樓?孩子為什麼視生命如草芥?為什麼我們的孩子那麼脆弱?父母培養過孩子的意志力嗎?沒有頑強意志,怎麼度過人生中的艱難險阻?

這是孩子的過錯嗎?如果從小父母將家庭教育的重點放到「道德、責任、理想、信念」上,孩子會出問題嗎?能不好好學習嗎?

第六章　動力機制

　　綜上所述，林林總總的問題，最終都指向家庭教育。原來高舉著愛的旗幟的父母，做了十大錯誤教育，反而是害了孩子。因此說，家庭教育是孩子的根。

　　如果我們對上述問題能做深刻的反思，我想父母就開始醒悟了，那便是孩子的希望。

生根的「最優質養分」是什麼？

生根，就是培養孩子的「道德、責任、理想、信念」。給孩子什麼「養分」，決定孩子吸收什麼；孩子吸收什麼，決定他成為什麼樣的人。為孩子做生根教育，該用什麼「養分」最好呢？

為孩子生根的最優質養分是傳統文化。道家的「無」，儒家的「仁」，佛家的「空」，都是培養胸懷天下、無我擔當、無私奉獻的時代菁英的「最優質養分」。

用傳統文化教育，使孩子的學習興趣上升為使命，這是孩子成長的最大動力。興趣不是最好的老師，使命才是最佳的人生嚮導。我們用傳統文化，為孩子生根，培養孩子的遠大理想以及邏輯思考能力，使孩子具有向上的動力。孩子生了根，就有無限動力奮勇向前；帶著使命去學習，孩子就無所畏懼，就會自動自發，父母們想要的拿高分、上名校就是自然而然的結果。在孩子的生根教育方面，要求父母有系統性的家庭教育理論功底，有一定的文化素養，能和孩子同學共修，做無為引導，能支持和幫助孩子在傳統文化中，不斷地薰陶，持續地踐行，同時還特別強調父母必須為孩子做個好榜樣。

小樹只要把根扎深、扎實，我們看到的部分——幹、枝、葉、果都是「本立而道生」的。怎麼學習能拿高分是學校

第六章 動力機制

老師的教育職責,不需要父母參與或影響。孩子因為有傳統文化的學習和薰陶,有了理想、有了使命,這個「根」已經扎得深、扎得寬了,所以就會態度端正、認真學習、攻堅克難、勇往直前。

講到這裡,我們把教育的邏輯做個梳理。為了迎接一個生命的到來,想做父母的人或已經成為父母的人,一定要透過專業、持續的學習,掌握正確的教育理論,累積一定的文化素養,具備優秀的教育能力;在孩子小學畢業之前,帶領孩子或放手支持孩子在全素養教育的培養基裡嘗試、薰陶、潤化,並儘早發現孩子的興趣和生命潛能方向;在孩子的興趣和生命潛能方向上給予更多的優質養分,做「延伸」教育,並透過和孩子同學共修傳統文化、實踐所學,為孩子「生根」——樹立遠大理想、錘鍊頑強意志、建立深度邏輯思考⋯⋯實現家庭教育的根本目的。

怎麼為孩子生根

1. 培養道德

第一，什麼是道德？道，即道路，指天、地、人類相互依存、共生共榮的規律。這個規律是什麼呢？「道法自然」，「天之道，利而不害」。「不害」、「善利萬物」、「無我」乃是天、地、人之間，特別是人類之間的生存大道。與時俱進，今天我們來討論什麼是道德，其最重要的內涵應該是正直和善良。

德，同「得」，指依道而行，即德行、品行。一個人的言行，對他人、對社會無害，甚至是對他人、對社會有益，便是德行好。比如，孝敬父母，待人有禮，勤奮好學，生活節儉，言而有信，堅持正義，救助失學兒童，做社會公益，到偏遠地區助學等等，都是好德性、好品格。

第二，道德能為我們帶來什麼？

一是可以讓孩子的靈魂越來越高尚。我們說道德最主要的內涵是正直和善良。正直和善良是生命本身天賦的基因，在正確的教育下，它會生發出愛、平等、自由、尊重、勇敢等道德觀念，並支配孩子的行為，沿著這樣的方向發展，孩子的靈魂就會變得越來越高尚。

二是可以讓孩子的人際關係越來越好。人際關係裡，誰都希望和「無害」、「奉獻」且有才能的人結交成朋友，以利

第六章　動力機制

於自己學業、事業的長足發展。贏得人際關係最簡單、最經濟、最高效的方法就是奉獻。獲得機會的最簡單、最經濟、最高效的方法也是奉獻。越願意幫助他人的人，越主動去努力學習更大的本事，這是一個良性循環，是善的循環，非常美好。

三是道德能讓一個家庭、一個組織、一個民族甚至全世界的成員活得更幸福。

第三，怎麼培養道德？一是父母和孩子同學共修傳統文化；二是建家規、做家務；三是文化尋根遊覽，「觸景生情」；四是教孩子待人接物之「禮」；五是做社會公益；六是節儉生活；七是苦難體驗；八是看道德榜樣的影片和書；九是父母正面榜樣影響；十是父母的正確評價和激勵。

2. 培養責任

第一，什麼是責任？責任就是自己的職責和任務。對於孩子來講，就是自己的事情自己做，公共的事情分擔做。講到責任，自然就與責任感這個概念有關，即人能夠積極主動地努力做好自己分內外一切有益的事情的精神自驅狀態。實際上他屬於道德心理範疇，是一個人道德素養的重要表現。每個人都應該孝敬父母，這是道德約束，同時也是每個人應盡並必須做好的義務和責任。因而，如果一個人不敬孝自己的父母，那就不僅是責任感的問題，更是道德感的大問題了。

我把責任和責任感從道德裡分離出來，是因為對於孩子的教育，開始注重的是責任感，隨著啟蒙的完成、家庭教育的提升以及學科教育的不斷升級，孩子的認知和思考發展到一定程度，才能從道德高度去看待責任擔當。比如，兩、三歲的孩子整理自己的玩具，一年級孩子寫自己的作業，都是責任層面上的事情，不涉及道德問題。但是，專業的父母需要懂得教育之道，能預判小孩子的責任問題一定會轉變為道德問題。比如，小孩子學習是自己的責任，但父母沒有培養孩子責任感，他想學就學，不想學就不學，作業可以認真地寫，也可以一邊玩耍、一邊和大人聊天、一邊把玩橡皮擦一邊寫。父母要知道，現在我們從責任、習慣、專注力等方面要求孩子、訓練孩子，但要高度重視這樣的問題，因為不按規矩寫作業，不認真專注寫作業，是屬於學習態度問題，而態度問題就是道德問題。我們必須要重視，及時糾正，為孩子指明怎麼做是正確的，透過家規約束、透過行為訓練以及父母做好榜樣，使孩子養成好習慣，凡事都負責任，學習、做事都要認認真真，這才能成為受人歡迎的優秀人才。正如梁啟超所言：「人生須知負責任的苦處，才能知道盡責任的樂趣。」

第二，怎樣培養責任感。一是父母和孩子同學共修傳統文化；二是從小建家規、做家務；三是父母放手，不包辦、不溺愛；四是給孩子「主人感」；五是做社會公益；六是父母會溝通、引導、評價；七是父母的正面榜樣影響。

第六章　動力機制

3. 培養理想

第一，什麼是理想？理想是指人對天地萬物的根本道理有了掌握後，而生發出來的對未來美好生活的合理期望。

人的理想從哪裡來？一定是因為人對於在天地間、大千世界裡該怎樣生活的道理有了準確認知，並提升為哲學理性，才可能生發出堅定的理想信念。很多父母都把孩子考上好大學當作理想，其實那不是理想，考大學只是實現理想道路上的一個短期目標。顯然把上大學作為理想是不正確的。不專業的父母認為的理想就是孩子要考哪個大學？將來要做什麼職業？要賺多少錢？這些都只是沒有「道理」、無視「規律」的想法，沒有基本的邏輯，沒有生發的根基，所以，我們看到很多孩子都是說說而已，想打遊戲就打遊戲，想放棄就放棄。可見，如果父母在家庭教育中，不用「優質養分」滋養孩子，不培養孩子哲學理性，孩子哪裡會有遠大的理想呢？

真正有理想的人有下面幾個特徵。一是很清楚人生的意義、活得明白。光靠興趣動力還不夠，讓人以強大意志力去奮鬥的理由是使命。所以，我說：「興趣不是最好的老師，使命才是最佳的嚮導。」二是有清楚堅定的目標。不會輕言放棄，不會輕易被誘惑走偏。三是能為自己的理想行動，並持續行動。不畏困難，不懈努力，不達目的不罷休。一個理想達成之後，再樹立起一個更大的理想，人生就是不斷進取、不斷超越的過程，直到「止於至善」。

第二，理想的作用。理想指引人生方向。理想是一座燈塔，讓人前進不迷航；理想提供前進動力，不怕艱難險阻，以頑強毅力前進。理想提高精神境界，引導人不斷追求更高的人生目標，更完美的高尚人格。

第三，怎麼培養理想。一是學傳統文化，培養孩子的深度理性。格物致知，正心誠意，修齊治平；二是全素養教育「潤化」，發現興趣，建立使命；三是遊歷見世面、長見識、提升視野；四是「偉人巨匠」榜樣薰陶、影響；五是多做社會實踐，培養理性思考；六是父母的正面榜樣影響。

4·培養信念

第一，什麼是信念？《說文解字》中講「信」指「誠也」；「念」常思也。所以信念是指人對自己的觀念及其觀念所導引的意識行為強烈地確信不疑，是一種精神意識活動，反映著個體的世界觀、人生觀和價值觀。信念和認知關係密切。有正知，才能有正念。人相信什麼？對什麼產生強烈情感？怎樣為自己認定的、愛到一定程度的事情全力以赴？都和理性認知的正確性、層次性有相當大的關係。當透過正確的教育，使孩子樹立起遠大理想，孩子若在精神意識上對自己的遠大理想產生了信念和使命，展現在孩子的學習行為上，就會自動自發、全力以赴。

第二，孩子有信念嗎？我在大學從教 8 年，做過多次理想、信念的調查，學生們的回答是找個好工作。想想幾千年

第六章　動力機制

以前的教育，無論是家庭教育還是學校教育都首先教育孩子胸懷天下，「為天地立心，為生民立命，為往聖繼絕學，為萬世開太平。」再看100多年前的小學教育，強調「公、誠、勤、儉」，兼覆無私謂之公，就是以天下為己任，指遠大理想；真實無妄謂之誠，就是真心無悔地追求，即信念；夙夜匪懈謂之勤，講的是為遠大理想信念要努力向學，指學習態度；去奢從約謂之儉，就是要求簡樸生活，指生活態度，不能求奢、腐化。

第三，信念有什麼用？我們說信念是一種精神意識，是人對自己的想法、嚮往堅定不移的、強烈的意識傾向，它能產生強大意志，能激發自身潛能，能給自己必勝的心理暗示，能使人面對困難、挫折時，不畏懼，不氣餒，苦中作樂。

第四，信念怎麼培養？一是父母和孩子同學共修傳統文化。提升孩子深度邏輯思考能力，解決「正知」問題；二是相信信念能給你強大能量。人不僅是環境的產物，也是思想的產物，這是意志的力量；三是避免溺愛，在實踐中磨鍊孩子。在生活實踐、學習實踐和社會實踐中，讓孩子相信自己「我做得到」，然後去尋找力量、方法和技巧；四是在我們的思想裡刪除掉「負念」，如果「負念」閃現，能快速地用正念替換；五是讓我們的精神意識進入一個利於實現目標的環境中，找到榜樣。我要成為一個積極向上的人，那就與比你還積極向

上的人交朋友,遠離消極的人;「我要考高分」,那就像高材生一樣去學習。

培養道德、責任、理想、信念的萬能公式。阿爾伯特‧愛因斯坦(Albert Einstein)發現了質能公式:$E=M\times C^2$。其中 E 代表能量,M 代表質量,C 代表光速,光速是一個常數(約等於每秒三十萬公里)。孩子的成長可以視為生命能量的結果,根據愛因斯坦的質能公式,我們可以類推出一個學習的公式:學習成績=學習動力 X 學習能力的平方,即 $S=M\times A^2$。S 代表學習成績,M 代表學習動力,A 代表學習能力。學習能力主要來自學校裡學科老師的教育,孩子們的學習能力基本上可以達到「同質化」,所以可以將學習能力視為常數。而學習動力主要依靠家庭教育。因為學習動力是道德、責任、理想、信念,是人的根本教育。孩子們的問題基本上都集中在道德、責任、理想、信念等方面,如果學習動力是零或者很小,就會使學校的教育大打折扣,甚至為零。因此,我在本書中提出培養孩子學習動力的萬能方法,指導並幫助家庭教育提升「效用」。其萬能的培養方法就是:1‧建家規、做家務;2‧學習和踐行傳統文化;3‧文化遊歷;4‧社會公益;5‧勤儉生活;6‧苦難體驗;7‧意志力訓練;8‧環境創設;9‧父母溝通技能;10‧榜樣影響;11‧導師培訓。

第六章　動力機制

第七章
天然的成長機制

100%的孩子都是天才，99%的父母都是「殺手」，因為只有1%的天才活成了自己。

天下的父母都希望自己的孩子喜歡學習，學業成績好，成為高材生，就讀名校。那高材生是什麼樣子？他們身上彰顯著怎樣的特質？我對100位就讀世界名校的高材生做過調查，歸納出了他們身上的六個共同特質。一是好奇。特別喜歡探究新事物，每每拿到下個學期的教材，他們都會很急迫地瀏覽；聽到同學講假期出去旅遊的見聞，他們會很興奮；聽大人講社會上什麼新奇的事，他們很願意參與討論。二是專注。他們玩樂的時候專注在玩樂上，學習的時候專注在學習上，不會被輕易誘惑，所以學習效率很高，這個時候，千萬別打擾他們。三是勤奮。在和其他學生一樣遵守作息時間的前提下，他們會把握一切時間學習，普遍的做法有兩個：走路時回憶學習內容；課堂間向老師請教問題或者和成績好的同學研討問題。四是自主。無論是在學校，還是在家裡，自主學習，主動思考，學習的事不用父母操心。學什麼？什麼時間學？遇到難題怎麼辦？都不需要父母參與，他們會自己想辦法解決。五是勇敢。他們只怕學習沒有難度，沒有

第七章 天然的成長機制

難度就不興奮;見到難題就更有「鬥志」,「戰勝」難題後,「勝利感」特別強,因此會非常開心!「越戰越勇」,像是有用不完的精力。六是堅持。這些高材生不是在某一個年級的時候勤奮努力,他們一直保持旺盛的戰鬥力,堅持已經成為自然。

什麼是好奇心？

　　人與生俱來的、對某些事物表現出關注的興奮情緒或對某些事物產生探索欲望的心理傾向，稱為好奇心。

　　注意這個定義中的三個關鍵點。一是好奇心是與生俱來的，是上天給的「天賦」；二是對引起關注的事物產生興奮情緒；三是內心對某些事物產生探索、了解、再創造的心理欲望。

　　好奇心是孩子喜愛學習的「天然」機制。「愛學習」就應該能「拿高分」，這是因果關係。然而，一個帶著天賦愛學習基因的孩子，為什麼到了小學高年級就開始厭學了？是誰把孩子的天賦「扼殺」掉了？如何才能最大可能地利用好孩子愛學習的天賦機制？我們首先還是從好奇心的天然屬性及其意義說起。

　　牛頓為躲避「黑死病」，從劍橋回到了鄉下的家裡。某一天，他在蘋果樹下思考問題，被突然落下來的一顆成熟的蘋果砸到了腦袋，他就思考起蘋果為何會掉落到地面上，而月球卻不會掉落到地面上，於是有了萬有引力定律的誕生；仰望天空自在飛翔的鳥兒，萊特兄弟（Wright brothers）開始思考能否發明一個機器，從地面上飛起來，在天空中自由「翱翔」，於是飛機誕生了⋯⋯

第七章　天然的成長機制

　　無論是科學，還是神話，都在說明一件事——人類因為好奇而去探索，因為探索而獲得進步，進步讓人類以更大的好奇心繼續探索……

　　愛因斯坦認為他所有的成就都來自於他具備強烈的好奇心。法國教育家尚－雅克・盧梭（Jean-Jacques Rousseau）說：「好奇心只要有很好的引導，就能成為孩子尋求知識的動力。」，「問題不在於教他各種學問，而在於培養他有愛好學問的興趣……這是所有一切良好的教育的一個基本原則。」因此，父母必須保護、培育和激發孩子的好奇心，這是教育的重要遵循。

好奇心的偉大價值

在以上的分析中，我們已經歸納出好奇心的偉大價值——人類獨有的、驅動人類繁衍、生存、創造發展的天然驅動力。

1. 好奇心使人快樂幸福

無論是小嬰兒還是成年人因為好奇的驅動，不斷探索和學習越來越多的新事物，體內會產生多巴胺，內心會有成就感，所以愉悅度、幸福指數會很高。蓋洛普公司抽取130多個國家、十三萬人進行調查發現：影響人快樂有兩大因素，即「能夠信賴某人的幫助」和「昨天學到了新東西」。可見建立良好人際關係、探索新事物以及因此獲得個人成長是快樂人生的關鍵因素。

2. 在父母的陪伴呼應下，好奇心引領孩子找到學習興趣，進而深入探索

從剛開始對什麼都感興趣的消遣性好奇，因為父母的陪伴呼應，孩子有了「區分」。我們會發現孩子對某些事物不感興趣了，不好奇了，放棄了，而對另一些事物卻增加了好奇，更感興趣了。在孩子更感興趣的領域，父母能引領和支持孩子去探索，做深入學習，滿足他的成就感需求，隨著知識累積得越多，吸收新知識就越容易，孩子就從低認知需求滿足，不停地向高認知需求滿足邁進。

第七章　天然的成長機制

3. 好奇心「滋生」想像力，將有無限的創造可能

人一旦失去了好奇心，頭腦就會僵化，沒有想像力，就不會有所創造。好奇心是智力的泉源，在父母開放式的呼應下，對新事物的好奇心就能自然而然地「滋生」想像力。比如，孩子問媽媽：企鵝在雪地裡不冷嗎？且在水裡會不會沉下去淹死呀？父母回應得正確，可以陪伴孩子看企鵝的紀錄片，或者買企鵝故事書，不直接給孩子答案，這就培養了孩子自主學習的能力，孩子的大腦就被「牽著」，他自己就會「步步深入」，父母及時給予正面評價，激發孩子去想像，「企鵝在水裡不沉，那我們可不可以做個小紙船看看在水裡沉不沉？」，「紙船不沉，上面再加點東西會沉嗎？怎麼做能不沉？」我們發現只要父母陪伴、回應，可以引導孩子發揮無限的想像力，開發創造力。

4. 好奇心引領孩子找到人生的意義，完成「根」的發育

當孩子在某些領域因為興趣做更深入的探索和學習後，如果父母能從孩子感興趣的事物中幫助他昇華到精神層面，孩子就有了使命感。興趣不是最好的老師，使命才是人生最佳嚮導。孩子的生命在好奇心這個內在驅動力上，又附加了一個外部驅動力──胸懷天下的遠大理想，這使他們敢當大任又不畏懼困難。他已在泰山之巔，一覽眾山小。

保護孩子的好奇心

保護和開發孩子好奇心的方法。一是父母在掌握生命規律、教育規律的專業基礎上，確立正確的教育觀。觀念決定行為，行為決定結果。二是能順應生命規律對孩子的「求學」做正確的回應。加速孩子智力開發，使孩子的高認知需求得到滿足，讓孩子有美好的心靈感受。三是父母做正面榜樣。身教勝過言傳，父母對事物要有熱情度、興奮度，父母之間的對話對孩子就是薰陶。四是發揮家庭教育主體作用，對體制教育的不足進行彌補和修繕。不能讓「統一」教育毀掉孩子。五是帶領孩子在各個領域做多元嘗試、體驗和探索。關於家庭事務、學校事務、微系統（具體內容見下文）之間的事務、大自然、文化聖地等，帶孩子多看，多對孩子講，多動手實踐，再讓孩子複述，講出來給父母聽，對於所見所感、所觸及的新事物的全部過程，父母都要給予正確回應。這些方法父母們能不能做對，這需要在長期的家庭教育實踐中不斷地修練。

美國著名心理學家尤里．布朗芬布倫納（Urie Bronfenbrenner）提出了「生態系統理論」，包含微系統、中系統、外系統、宏系統。微系統是指孩子所在的家庭、學校、同伴、網路等環境下的個人間的互動作用；中系統指各微系統之間的相互關係，如家庭和學校的關係；外系統主要指父母的工作環境、學校管理部門、鄰里社區、網路類型等所形成的外

第七章　天然的成長機制

部環境；宏系統指文化大環境。

簡單地理解布朗芬布倫納的「生態系統理論」，就是培養孩子這個過程涉及了家庭、學校、社會、政府、文化意識形態及其相互關係，上述因素都影響著孩子的培養結果。但是，哪裡的影響最大呢？布朗芬布倫納的觀點是「父母的育兒行為和他們與子女之間的關係最為核心」。

俗話說「三歲看大，七歲知老」，0 至 3 歲，正是孩子好奇心旺盛的時期，而這個時期孩子一定是由家庭教育「哺育」的；孩子上了幼稚園，家庭教育仍然占據主導地位，父母對孩子的影響遠遠超過幼稚園老師，也就是說幼稚園教育占輔助地位。

綜上可見，關於影響幼少兒好奇心的關鍵因素，中、外教育觀念高度一致。家庭環境及家庭教育是保護和激發孩子好奇心的最關鍵。父母的教育理念、教育方法、言行榜樣、親子關係等，就基本上決定了孩子的未來。

為孩子插上騰飛的翅膀

想像力是指人在已了解或已感受的形象或事物基礎上，在大腦中能「構造」出新形象、新事物的能力。好奇心是智力的泉源，想像力是智力的翅膀。如果一個孩子的好奇心和想像力得到很好的保護和開發，他必將成為一個驚世人才。

經常有媽媽說，她的孩子玩一個布娃娃能玩兩小時；給他一堆積木，他能自己擺來擺去半天；每天晚上要聽故事才能睡覺，一個故事要聽好幾遍也不煩……在這些狀態下，孩子首先在運用他的注意力，孩子不專注就不可能玩一個東西很久，聽一個故事就不能聽很多遍；我們發現，父母為孩子講故事，在講第二遍或第三遍時，如果你講錯了的時候，孩子會立即就指出來，因為他一直在用注意力和記憶力「錄」大人講的故事。在注意力的基礎上，他會對事物進行反覆思考、反覆觀察，同時伴隨而生的就是想像，所以，當孩子對某個事物有很強的注意力的時候，注意力會促進他的想像力的提升。所有這些狀況，父母千萬不可打擾，更不能打斷，這個狀態是智力發展的一個美好狀態，孩子的大腦神經正在建立連結以致形成智力迴路。

一個具有豐富想像力的孩子，才會思維敏捷，才能創造、創新。愛因斯坦說：「想像力比知識更重要，因為知識是有限的，而想像力概括著世界上的一切，推動著進步，並且

第七章 天然的成長機制

是知識進化的泉源。」

父母著急，揠苗助長，就一定會毀了孩子的想像力。

我們來看一個美國發生的真實案例。1968 年的美國內華達州。有一天，一個剛剛滿 3 歲、叫伊迪斯的可愛小女孩興奮地對媽媽說：「我認得這個禮品盒上『OPEN』的第一個字母『O』！」媽媽很吃驚，心想：我沒教她這個呀！於是就問她的孩子「妳怎麼認識這個字母的」？女兒回答：「是幼稚園薇拉老師教的」。有老師教孩子知識，你是不是會很高興啊？甚至還要深深地感謝這樣的好老師！但這位美國媽媽非常氣憤，一份訴狀，就把孩子所在的幼稚園——蘿拉三世幼稚園和薇拉老師告上了法庭，理由是「幼稚園和老師剝奪了她女兒的想像力。」因為我的孩子在認識字母「O」之前，她可能把「O」想像成梨、桃、蘋果、太陽、雞蛋、籃球……但是，自從薇拉老師教我孩子學會 26 個字母後，她現在沒有這樣的想像力了。在訴狀中，這位媽媽要求立刻停止教她孩子知識，同時，賠償她女兒精神損失費 100 萬美元。面對陪審團，這位媽媽講的一個故事打動了所有人。她曾經去一個國家旅行，在一個公園的湖裡，她看到兩隻天鵝，其中一隻被剪去了左翅，另一隻翅膀完好。被剪了左翅的天鵝被放養在較大的湖裡，翅膀完好的天鵝被放養在較小的湖裡。她非常納悶，為什麼要這樣養天鵝。管理員告訴她，這樣可以防止牠們逃跑。因為，剪去一隻翅膀的天鵝無法保持平衡，飛

起來後就會掉下來,所以時間久了,牠就不飛了;在小湖裡的天鵝,雖然翅膀完好無損,但起飛時會因為沒有足夠長的滑翔路程,也只能老老實實地待在水裡。這位媽媽聽後十分震驚,又十分悲哀——為天鵝悲哀。今天,她為女兒來打官司,就是因為她感到女兒變成了蘿拉三世幼稚園裡的一隻天鵝。她們剪掉了女兒的一隻翅膀,那是一隻幻想的翅膀,還早早地把女兒投進了那個小湖——那片只有 ABC 的小湖。

美國法院判決這位媽媽勝訴。而且最終促成了內華達州重新修訂《公民教育保護法》。修改後的《公民教育保護法》明確規定:幼兒在學校有玩的權利、問為什麼的權利。

除了父母著急會毀掉孩子想像力,父母溺愛、包辦、強制以及家庭和體制學校千篇一律的「統一性」教育都是孩子想像力的「強大殺手」。如果我們的教育做對了,好奇心再加上無限的想像力,孩子一定能「一飛沖天」。

第七章　天然的成長機制

創造力測試

　　採用尤金·勞德塞（Eugene Raudsepp）創造力測驗方法。50個句子，每一句後面用一個字母表示對這一項論述的同意或反對的程度：同意用 A 表示；不清楚用 B 表示；不同意用 C 表示。然後，對選出的答案按評分表進行統計分數，測出自己的創造能力水準。試驗者只需 10 分鐘左右的時間，就可以知道自己是否具有創造才能。

　　1·我不做盲目的事，也就是我總是有的放矢，用正確的步驟來解決每一個具體問題。【　】

　　2·我認為，只提出問題而不想獲得答案，無疑是浪費時間。【　】

　　3·無論什麼事情，要我發生興趣，總比別人困難。【　】

　　4·我認為，合乎邏輯的、循序漸進的方法，是解決問題的最好方法。【　】

　　5·有時，我在小組裡發表的意見，似乎使一些人感到厭煩。【　】

　　6·我花費大量時間來考慮別人是怎樣看待我的。【　】

　　7·做自認為是正確的事情，比力求博得別人的贊同要重要得多。【　】

　　8·我不尊重那些做事似乎沒有把握的人。【　】

9. 我需要的刺激和興趣比別人多。【 】

10. 我知道如何在考驗面前,保持自己的內心鎮靜。【 】

11. 我能堅持很長一段時間以解決難題。【 】

12. 有時我對事情過於熱心。【 】

13. 在無事可做時,我倒常常想出好主意。【 】

14. 在解決問題時,我常常單憑直覺來判斷「正確」或「錯誤」。【 】

15. 在解決問題時,我分析問題較快,而綜合所收集的資料較慢。【 】

16. 有時我打破常規去做我原來並未想要做的事。【 】

17. 我有收藏癖。【 】

18. 幻想促進了我提出許多重要計畫。【 】

19. 我喜歡客觀而又理性的人。【 】

20. 如果我要在本職工作和之外的兩種職業中選擇一種,我寧願當一個實際工作者,而不當探索者。【 】

21. 我能與自己的同事或同行們很好地相處。【 】

22. 我有較高的審美觀。【 】

23. 在我的一生中,我一直在追求名利和地位【 】

24. 我喜歡堅信自己結論的人。【 】

25. 靈感與獲得成功無關。【 】

第七章　天然的成長機制

26. 爭論時，使我感到最高興的是，原來與我觀點不一致的人變成了我的朋友。【　】

27. 我更大的興趣在於提出新的建議，而不在於設法說服別人接受這些建議。【　】

28. 我樂意獨自一人整天深思熟慮。【　】

29. 我往往避免做那種使我感到低下的工作。【　】

30. 在評價資料時，我覺得資料的來源比其內容更為重要。【　】

31. 我不滿意那些不確定和不可預計的事。【　】

32. 我喜歡一心一意苦幹的人。【　】

33. 一個人的自尊比得到一個人的敬慕更為重要。【　】

34. 我覺得那些力求完善的人是不明智的。【　】

35. 我寧願和大家一起努力工作，而不願意單獨工作。【　】

36. 我喜歡那種對別人產生影響的工作。【　】

37. 在生活中，我經常碰到不能用「正確」或「錯誤」來加以判斷的問題。【　】

38. 對我來說，各得其所、各在其位，是很重要的。【　】

39. 那些使用古怪和不常用的詞語的作家，純粹是為了炫耀自己。【　】

40. 許多人之所以感到苦惱,是因為他們把事情看得太認真了。【 】

41. 即使遭到不幸、挫折和反對,我仍然能夠對我的工作保持原來的精神狀態和熱情。【 】

42. 我對「我不知道的事」比「我知道的事」印象更深刻。【 】

43. 想入非非的人是不切實際的。【 】

44. 我對「這可能是什麼」比「這是什麼」更感興趣。【 】

45. 我經常為自己在無意之中說錯話而悶悶不樂。【 】

46. 即使沒有報答,我也樂意為新穎的想法而花費大量時間。【 】

47. 我認為「出主意沒有什麼了不起」這種說法是中肯的。【 】

48. 我不喜歡那種顯得無知的問題。【 】

49. 一旦任務在身,即使受到挫折,我也要堅決完成之。【 】

50. 從下面描述人物性格特點的形容詞中,挑選出 10 個你認為最能說明你性格的詞。【 】

精神飽滿的 有說服力的 實事求是的 虛心的 觀察力敏銳的 謹慎的 束手束腳的 足智多謀的 自高自大的 有主見的 有獻身精神的 有獨創性的 性急的 高效的 樂於助人的 堅強的

第七章 天然的成長機制

老練的 有克制力的 熱情的 時髦的 自信的 不屈不撓的 有遠見的 機靈的 好奇的 有組織力的 鐵石心腸的 思路清晰的 脾氣溫順的 愛預言的 拘泥形式的 不拘禮節的 有理解力的 有朝氣的 嚴於律己的 精幹的 實際的 感覺靈敏的 無畏的 嚴格的 一絲不苟的 謙遜的 複雜的 漫不經心的 柔順的 創新的 務實的 泰然自若的 渴求知識的 好交際的 善良的 孤獨的 不滿足的 易動感情的

讀者可以根據下面的尤金創造力評分表，自行計算出自己的最終分數，便能得到對應的測試結果。

尤金創造力評分表（1-49）[a]

	A	B	C		A	B	C		A	B	C
1	0	1	2	18	3	0	-1	35	0	1	2
2	0	1	2	19	0	1	2	36	1	2	3

	A	B	C		A	B	C		A	B	C
3	4	1	0	20	0	1	2	37	2	1	0
4	-2	1	3	21	0	1	2	38	0	1	2
5	2	1	0	22	3	0	-1	39	-1	0	2
6	-1	0	3	23	0	1	2	40	2	1	0
7	3	0	-1	24	-1	0	2	41	3	1	0
8	0	1	2	25	0	1	3	42	-1	0	2
9	3	0	-1	26	-1	0	2	43	2	1	0
10	1	0	3	27	2	1	0	44	2	1	0
11	4	1	0	28	2	0	-1	45	-1	0	2
12	3	0	-1	29	0	1	2	46	3	2	1
13	2	1	0	30	-2	0	3	47	0	1	2
14	4	0	-2	31	0	1	2	48	0	1	3
15	-1	0	2	32	0	1	2	49	3	1	0
16	2	1	0	33	3	0	-1				
17	0	1	2	34	-1	0	2				

尤金創造力評分表是美國普林斯頓創造才能研究公司總經理、心理學家尤金·勞德賽，針對善於思考和富有創造力的科學家和企業經理的個性和特質，研究和設計出來的一套測試問卷，僅供讀者參考。

50題得分

下列形容詞得2分：精神飽滿的、觀察力敏銳的、足智多謀的、有主見的、有獻身精神的、有獨創性的、不屈不撓的、無畏的、好奇的、脾氣溫順的、有朝氣的、感覺靈敏的、創新的、熱情的、嚴於律己的。

下列形容詞得1分：自信的、有遠見的、不拘禮節的、一絲不苟的、謙遜的、機靈的。

其他選擇都是0分。

綜合各項分數，根據對應的綜合分數就能大致判斷出自己的創造力基本情況：

110 － 140 創造性非凡；85 － 109 創造性很強；56 － 84 創造性強；30 － 55 創造性一般；15 － 29 創造性弱；-21 － 14 無創造性。

第七章　天然的成長機制

第八章
自動奮發的心理機制

以理啟人,以情動人,以意義引領人,父母學會愛,孩子長成才。

天下所有的父母,一直都高舉著愛孩子的旗幟,但是,我非常不確定,他們是否真的懂得「愛」這一門學問。

第八章 自動奮發的心理機制

愛孩子的標準

父母到底是不是真心愛孩子,不是父母自己以為的愛就是真愛,愛孩子是有標準的。

教育家伊萬・凱洛夫(Ivan Kairov)說:「教育的一個特定目的就是要培養感情方面的特質,特別是在人與人的關係中的感情特質。」父母不懂孩子情感或錯誤地培養孩子的情感特質,對於孩子而言就是災難。教育家瓦西里・蘇霍姆林斯基(Vasyl Sukhomlynsky)說:「教育者最可貴的特質之一就是人性,對孩子們深沉的愛,兼有父母的親暱溫存和睿智的嚴厲與嚴格要求相結合的那種愛。」

1.只有學習才會愛

愛是一門大學問,「人不學,不知義」,父母絕不是天生的「教育家」!要有系統、持續地學習和實踐,才能給予孩子正確的愛。

2.為孩子營造自然生長環境

我們所說的培養孩子的自然環境主要指兩個方面,一是順乎生命自然的教育,不能任意妄為;二是透過軍事訓練、勞動教育、生存挑戰、苦難體驗等培養孩子強大的意志力。

3・無條件

父母愛孩子不應該有任何條件,但就是有很多父母愛孩子有條件。「你要是再不趕緊用功,我就不喜歡你了」、「你要是先把作業寫完,我就讓你玩半小時手機」、「這週你要是考進班級前五名,爸爸就請你吃大餐」……父母這種蠢事做久了,孩子內心就會感受到父母愛的不是他,而是愛著父母自己內心那個聽話的、考高分的「完美孩子」,孩子一定會因為缺愛,而心情沮喪、信心下降。

4・把握關鍵

許多父母教育孩子一直都是「唯分數論」,偶爾做做家務,父母就催促「好了,你趕快去寫作業吧」;一週帶孩子做一次體育運動,回到家便說「今天也玩過了,趕快去用功吧」;孩子拿起一本自己喜歡的課外書,剛讀幾分鐘,就被媽媽發現了,接著就聽到媽媽帶著「氣度」說「上週考那個分數,怎麼還有時間看閒書,還想不想考好?」……孩子做家務變成了學習的「點綴」;鍛鍊身體算是學習的「調劑」;課外閱讀、和同學交往都被看作是「不務正業」……你是否思考過,大量孩子出問題的原因到底在哪裡?教育的核心邏輯是什麼?孩子天生帶著喜愛學習的基因——好奇心,如果再把孩子的責任感培養起來,孩子是不是就會去做自己該做的事了?然後,在他的生命潛能方向上,透過傳統文化及榜樣影響去培養孩子的道德、責任、理想、信念,孩子就有了生命

第八章　自動奮發的心理機制

動力,他一定會因為帶著使命而自動自發地學習、生活……所以,家庭教育所要把握的關鍵就應該是:道德、責任、理想、信念。

5. 守住底線

我問過上萬名父母這個問題:培養孩子拿文憑和做好人哪個更重要?答案是驚人的一致——做好人更重要。《大學》中開篇就提出教育綱領:「大學之道,在明明德,在親民,在止於至善」;《論語》中強調教育的邏輯:入則孝——出則弟——謹而信——泛愛眾——而親仁,由內到外再到廣,都是做人的教育。做人的東西學好了,「行有餘力,則以學文」。教育孩子的底線,就是道德。不妨礙他人,不傷害他人,這是最低的底線,絕對不能觸碰。

6. 愛要讓對方感受到並回應

所有的父母都說愛孩子,但是,80%的孩子感受不到,所以才有不聽話、厭學、溝通障礙、叛逆……愛,不是「單相思」;愛,是互動,是投桃報李。父母們一定要放棄自己的「執念」——我是愛你的,不要再以為你的以為就是孩子的感受。教育的目的是要孩子獲得幸福,而事實上,80%的孩子一直都生活在苦難之中!所以,父母的愛,孩子沒有感受到,或者父母的愛沒有得到孩子的回應,一定是哪裡愛錯了——錯愛,一定是傷害。

馬斯洛的需求層次論

圖 8-1 馬斯洛需求層次論

1943 年，世界著名社會心理學家馬斯洛在他的〈人類動機的理論〉(*A Theory of Human Motivation*)中提出人性五個層次的需求，由低到高分別是：生理需求、安全需求、社會需求（歸屬與愛）、尊重需求、自我實現。到了晚年，馬斯洛把他的需求層次論擴展到八個層次，分別是：生理需求、安全需求、社會需求（歸屬與愛）、尊重需求、認知需求、審美需求、自我實現及超自我實現。生理需求主要指食物、空氣、水、睡眠、性的需求等；安全需求主要指工作生活穩定、受保護、有保障、有秩序、沒有恐懼和焦慮的需求等；社會需求主要指一個人在關係中的情感歸屬和愛的需求等；尊重需求主要指在關係中被尊重（成就、權利、財富等）及對他人尊重（名望、地位等）的需求等；認知需求主要指在一定知識基礎上對事物進行更深的探究、發現、意義追尋的需求等；審

第八章　自動奮發的心理機制

美需求主要指對事物的欣賞、尋求美、對稱性、平衡感的需求等；自我實現需求主要指自己的生命潛能及能力充分完善和發揮的需求等；超自我實現需求指超越自我價值觀目標的需求，即超越自我。

五感教育法

我們研究人性需求並滿足人性需求，才會讓人有美好的感受。對應馬斯洛的需求層次論，我提出教育孩子的「五感」法——親密感、安全感、歸屬感、價值感、成就感，簡稱「五感」。父母在教育孩子的過程中，按照正確的愛的標準，給孩子「五感」滿足，孩子在精神上一定會獲得美好的感受。這是教育的核心邏輯。

1.親密感

與馬斯洛需求層次論的「生理需求」相對應。

我聽到很多父母抱怨孩子「越大越不聽話了」、「越大越不好管了」。而且隨著孩子年齡越來越大，「不聽話」、「不好管」越來越困擾父母，甚至讓父母陷於無邊的焦慮之中。這個時候，一部分父母走進課堂、學習改變，一部分父母仍自以為是地「我行我素」，與孩子之間就會發生巨大分化，向「兩極」發展。

按照生命生長的順序和重要性，親密感是最有力量、最底層的基礎。先有關係，後有教育。要蓋高樓，必先打地基。父母的施力點要是錯了，非常可能「滿盤皆輸」。父母和孩子建立起親密感，就贏了人心、得了信任，教育做對了，效果就倍增。孩子感受到父母的愛，才擁有安全感和力量

第八章　自動奮發的心理機制

感,才能和父母之間建立美好而穩定的情感連線,經由很多建立親密感的實踐,孩子有成長,更自信,就更信賴父母,才會「聽話」。

影響孩子親密感的主要因素有:一是控制型父母和指責型父母。孩子長期不被賦予「重要人物」的感覺,相反地,卻常常被命令、被要求、被指責。二是單親家庭。孩子生命中缺少父母一方的影響,被「冷漠」、遭「遺棄」。三是不良夫妻關係。父母經常發生爭執甚至吵架,孩子被「炮轟」、被「煎熬」。四是父母長期不在身邊。或因工作忙或因生意忙,孩子被「遺忘」、被「忽視」。五是父母不當溝通。父母不善於微笑、愛的語言及接觸。

如何建立親密感?建立親密感的最佳時期是三歲前,次佳時期延伸至整個小學階段。如果在小學畢業前,父母沒有讓孩子感受到親密感,可能今後就很難建立起來了。嬰兒期是孩子一生中最弱的階段,對父母最依賴,最需要父母的呵護。用以下四種方法建立親密感。

第一,父母平和慈善的微笑。嬰兒對「形象」印記最敏感,當他看到父母平和慈善的微笑,孩子感受到溫暖,非常安心,很放鬆,便對父母產生信賴,感覺父母是最大的「靠山」。

第二,愛和肯定的語言。常對孩子說「媽媽愛你!」、「你能叫爸爸了,你語言天賦真棒!」、「你是上天派給媽媽的天使!」……孩子不能完全聽得懂父母在說什麼,沒關係,

生命規律告訴我們，孩子最初是憑感覺認識世界的。當孩子聽到父母充滿愛意和肯定的語言，以及看到父母表達時平和慈善的微笑，孩子就能感受到父母的喜歡和欣賞。第三，愛的接觸。給孩子溫暖的擁抱，摸摸孩子的頭，摸摸孩子的臉蛋，摸摸孩子的小手，拍拍孩子，親吻孩子等等，這種愛的接觸比語言、比微笑更有力量，讓孩子感覺特別踏實。

第四，共同經歷、日久生情。父母和孩子共同經歷的機會非常多。比如日常家庭生活中每天送接孩子上學，一起做家務，一起學習討論；比如假日時走出鋼筋水泥的都市，帶孩子去大自然爬山、踏青，採天地之靈氣，吸日月之精華，埋鍋做飯，紮帳露營，看著夜空數星星；比如在寒暑假和孩子一起參加文化教學營隊，遊覽名山大川，壯闊孩子胸懷格局，一起做社會公益等等。

我的孩子在五歲半之前，我和妻子就一起陪著他遊歷過五個國家和地區；到他大學畢業，我陪著他遊歷過一百座世界名城；共同經歷太多了！能聊的話題太豐富了！歐洲藝術、北美風光、歷史、人文、藝術、教育、美食、服裝……我和妻子陪伴孩子的共同經歷，讓兒子充滿自信，敢於挑戰，力量感、掌握感特別強，支持他完成學業，並在高階職場上與西方菁英的競爭中，連連取勝。我的兒子已經 31 歲了，但和我及媽媽一直都是親密無間。

第八章　自動奮發的心理機制

和孩子有更多的共同歷程需要高水準的設計。不能敷衍了事，不可以馬虎而過。有的父母和孩子一起去遊歷，注重的是住高檔飯店，吃山珍海味，幾乎沒有教育，這不僅耽誤孩子的教育契機，若因為物質上的超滿足，讓孩子貪圖享樂、不求上進，就適得其反了。透過科學的設計，在共同經歷中既要有教育意義，還要寓教於無形之中，潛移默化，日久薰陶。

2·安全感

與馬斯洛需求層次論的「安全需求」相對應。

人的身心因內外部可能出現的危險、壓力、威脅而形成的焦慮與否、恐懼與否的預感，稱為安全感。安全感強的孩子，力量感就強，敢於挑戰，越戰越勇；安全感缺失的孩子，只願意哭鬧，不願承受學習壓力，不願與人交往，喜歡用暴力方式解決問題，常伴有情緒問題，有時外表看似很強大，實際上內心充滿恐懼。長大以後，做事情就會前怕狼、後怕虎，寧可無功但求無過，事不關己，不敢創新、不敢擔當、不敢迎難而上。

造成孩子安全感缺失的主要原因有：影響親密感的五方面因素都會影響到安全感。除此之外，父母常常揪著孩子錯誤不放或懲罰過於嚴厲，是造成孩子安全感缺失的一個重要原因；父母雙方或一方在孩子滿3歲前，長時間離開孩子，是造成孩子安全感缺乏的又一個重要原因。下面介紹培養安

全感的幾個方法。

第一，高品質陪伴。三歲前是建立安全感最重要的時期。父母應和孩子生活在一起，孩子要和媽媽睡在一張床上，或在孩子滿一歲後，睡在緊靠著媽媽大床的小床上；多給孩子愛的語言和接觸；為孩子講美好故事。

第二，帶孩子做生活體驗。如體驗熱水、用火、過馬路等，體驗越多，膽量越大。

第三，有難同當。我們在長期的教育研究中發現，孩子的問題幾乎都是家長的問題。孩子不守紀律，是因為家庭教育太放縱；孩子厭學，是因為父母扼殺了孩子喜愛學習的天賦；孩子自私，是因為父母太溺愛；孩子學習不主動、好拖拉，是因為父母沒有培養孩子責任感⋯⋯父母有責任，而且是主要責任者，所以當孩子被老師處罰的時候，不和孩子有難同當，而是站到孩子的對立面，孩子還能有「靠山」嗎？父母也會失去孩子的信任。

第四，正確地為孩子導正錯誤。孩子犯了錯，是教育的最佳契機。比如，孩子從茶几旁邊走過，不小心把玻璃杯碰掉地上摔破了，各位父母你會怎麼應對？正確做法：第一步接納，第二步同理，第三步總結，第四步承擔。接納是改變的開始，站在孩子的角度，感受他當下的感受，然後和孩子一起總結碰掉茶杯的原因，最後討論承擔的辦法，整個過程都是心平氣和地進行，在前兩步做好之後，孩子一定能感受

第八章　自動奮發的心理機制

到父母的寬容和愛,後面兩步是分析問題、解決問題,透過這樣一個錯誤,做對教育,更能培養孩子的邏輯能力。

3.歸屬感

與馬斯洛需求層次論的「社會需求」相對應。

一個人對自己歸屬於某個群體的心理感受,稱為歸屬感。80%至90%的孩子曾有過離家出走的想法,為什麼?因為孩子不認為家是他留戀的地方,家沒有給他美好的感覺,一想到父母逼著他學習的情形——父母的臉色、指責、吼罵,孩子就覺得家無可戀,家是地獄,儘管離開家他覺得自己孤苦伶仃、無依無靠,但還是比回家要好,很多孩子因為沒有歸屬感,走到社會上就學壞了,後果非常可怕。歸屬感缺失的孩子容易自卑,情緒不穩定,性格敏感,不願意融入陌生群體,與人合作意識和能力較差。

家應該是所有家庭成員的港灣、樂園。要讓孩子一想起自己的家,就有自豪感。放了學就想回家,因為家裡有愛她的父母,不會輕易跟著其他孩子去網咖、去逛街,更不會因為學習壓力大或他人的輕視而輕易放棄這個世界。歸屬感強的孩子,心裡有「靠山」,自信心就大,陽光向上,敢於面對困難,思考力能夠快速提升。

造成孩子歸屬感缺失的主要原因有:一是父母語言暴力。「你怎麼那麼笨?」、「像頭豬」、「你怎麼總是學不會?」二是

父母失和,經常吵架,孩子在家裡時就常常吵。三是不良親子關係。父母忙於生意、工作,沒時間陪伴孩子。四是親密感、安全感缺失必然造成歸屬感不強。下面介紹培養歸屬感的幾個方法。

第一,良好的家庭氛圍。孩子是一棵小樹苗,家庭應該是個「花園」,父母應該是好園丁。父母的愛是陽光,父母的專業度是「雨露」,如果常有「暴風雨」,孩子就會感到自己不屬於這裡,這裡沒有「陽光」和「雨露」。父母千萬不要以為孩子年紀小,他什麼也不懂,大人就任性、為所欲為!孩子是24小時不關閉的攝錄影機,父母的一切情緒和言行他全部錄影在案。充滿陽光雨露的家庭夫妻恩愛,情緒平和,語言溫暖,沒有厲聲惡語,只有欣賞和包容,夫妻二人齊心協力以高品質陪伴孩子、「哺育」孩子,多一些親子互動活動,多營造一些溫馨家庭氛圍,這個孩子長大後,就會很健康、陽光、自信。

第二,父母專業的教育。兩歲的孩子故意把玩具狗丟到地上,自己又要從地上撿起時,如果聽到父母責罵「你為什麼要把玩具丟到地上?」儘管父母幫著把丟掉的玩具撿起來,但孩子已無法體會到真正的歸屬感,更體會不到探索新世界的樂趣。做父母的都曾發現過這樣的情形:孩子痴迷地玩著一個玩具,突然就丟掉了,而且帶著「嘎嘎」的笑聲,過不久,他自己又把玩具撿回來了,可能過一陣子又一次扔出

第八章　自動奮發的心理機制

去了⋯⋯如果父母有較高的專業度,就會懂得孩子在探索世界——他可能在想像,這個玩具狗能不能飛?抑或是他把地面當成了海洋,看看玩具狗會不會游泳⋯⋯這個時候,父母的正確回應非常重要!「太好了,狗狗會飛了!」、「哇!狗狗會游泳嗎?」父母的歡欣語氣,會讓孩子感受到探索的美好,父母的回應,會讓孩子更願意去想像。

第三,善用家庭會議。家庭會議是讓孩子獲得歸屬感滿足最好的方法。經過多年的實際經驗,家庭會議每兩週召開一次最好。

有位教育家,家裡每年大年三十晚上四代同堂,全家人坐在一起總結這一年來每個人所做的最有成就的事,最後評選出全家的「十件大事」,這個「年終總結大會」堅持了幾十年,兒孫們各自在不同的職位越來越出色。我知道這個真實的故事後非常震撼!99.99%的家庭過年就是吃喝玩樂,而這個大家庭,透過總結「十件大事」,把過年的歡聚喜慶和家國責任、個人成長融會起來。每年過年,沒人盼吃喝、新衣服、壓歲錢,兒女們不管在哪裡工作、哪裡出差,孫輩們不管是在哪裡工作、哪裡上學,都嚮往回到家裡,參加年三十的「年終總結大會」,這讓這個家庭中的每一個成員都特別有歸屬感!堪稱家庭教育的楷模啊!

下面是善用家庭會議的訣竅。

第一,做好儀式感。生活需要儀式,教育要找感覺。定時開會,會前精心布置和準備,會後拍照留念等。

第二,感恩帶來感動。正式會議開始後,首先是每個人對這兩週裡得到了他人的幫助表達感恩,這個描述過程越細節越感人,在每個人表達自己對別人的感恩的過程,愛就在這個家庭流動起來了,愛在流動的時候常伴有淚花,很多親子關係問題、親密關係問題就在感恩之中煙消雲散了。有感念才有感恩,有感恩才有感動。

第三,每人發表「我最自豪的一件事」。每個人把自己做的最自豪的一件事分享給伴侶和孩子,讓他們知道,讓他們看見,接受他們的鼓掌、稱讚,也為孩子做了好榜樣。如果孩子被「看見了」,他就被愛滋潤了,看見即是愛,孩子的內心會被愛充盈起來,流露出來的當然也是濃濃的愛。每兩週發表自己的一件大事,一年就可以總結出二十多件大事,可以想像一下,孩子會有怎樣的成長!

第四,彼此給一個「小小的建議」。在每個人分享「我最自豪的一件事」之後,其他人要發表看法,以肯定、讚美為主調,同時,為了提升思辨能力、解決問題的能力,相互給一點建議,可以幫助對方成長。禁忌,在這個環節一定要注意語音、語調、表情、肢體動作,絕不可以「橫眉冷對」,把家庭會議開成「檢討會」,不僅對培養孩子歸屬感無益,反而會讓孩子有疏離感,對別人提建議「要像春天般溫暖」。須知

第八章　自動奮發的心理機制

「良言一句三冬暖，惡語傷人六月寒。」

第五，研討家庭事務。家庭是一個環境，培養孩子歸屬感一定要讓孩子多參與、多付出。我們發現在一個家庭中誰付出得最多，誰最不捨得離開，這就是歸屬感。和談戀愛一樣，誰付出多，誰不忍心分手，這是人性。陶行知說「生活即教育」與此緊密相關。孩子越參與、越付出，他對這個家越有責任感，這個責任感就是學習的重要內驅力之一。在家庭會議上要研討旅遊計畫、裝修計畫、採購計畫，去超市採購一定要讓孩子成為主力。

第六，合影、留念。要把照片洗出來，標記年月日，用精美的相框裝裱起來，掛在家中牆上，讓人天天看得見，便會想到開會的情形，因為有畫面感。為什麼要合影留念？奧地利心理學家阿爾弗雷德‧阿德勒（Alfred Adler）說：「幸福的人用童年治癒一生，不幸的人用一生治癒童年。」當我們回憶童年的時候，我們記憶最深刻、最久遠的東西一定是畫面、聲音和感受，這是潛意識接收。所以要讓孩子回憶過去的時候充滿著美好的畫面，渾身充滿力量，那就多給孩子輸入美好畫面。

4. 價值感

與馬斯洛需求層次論的「尊重需求」相對應。

一個人感受到自己的人格和能力在社會或組織中得到認

同,稱為價值感,是一個孩子眼中自己人生有沒有意義的重要感覺。簡單地講,提升價值感,就是要讓孩子感受到他有用。每個人的自我認知、價值目標、評價標準對價值感有很大的影響。

以下是培養價值感的方法。

第一,賦予孩子責任。父母要捨得用孩子,讓孩子承擔事情,特別是讓孩子幫助他人,是培養孩子價值感最有效的方法。彌爾頓·艾瑞克森(Milton H. Erickson)是一位催眠治療大師,很小的時候就得了小兒麻痹症,當時被醫生判定活不過三個月,因為他只有眼珠子能動。後來,經由眼睛能動這一點,激發了他活下去的決心,開始了漫長的自我訓練,憑藉自己強大的意志,讓自己的全身都能動了。他活了過來,創造了生命奇蹟。從此之後他發明了一種方法,就是找到一個人身上的亮點,然後就可以激發這個人的生命狀態。當他成為一個知名治療大師之後,他朋友的姑姑得了憂鬱症,朋友請他協助,然後艾瑞克森就去了朋友的姑姑家裡,他看到這位女士屋裡一片死氣沉沉,看完整個屋子,他在一個窗臺上看到了一盆紫羅蘭,開得特別的鮮豔,然後他就把握這個機會說,姑姑妳知道嗎?妳家裡面這一盆紫羅蘭太漂亮了!如果全鎮人的家裡都有這樣一盆紫羅蘭,他們該多幸福啊!這一句話一下子說到了這位夫人的心坎中。然後她就開始培育紫羅蘭,培育好了就挨家挨戶地送,直到整個鎮上

第八章　自動奮發的心理機制

每一家都有一盆她培育的紫羅蘭。人們感激她，並給了她一個浪漫的名字──紫羅蘭夫人。她非常高興，越來越願意與人打交道，越來越願意幫助他人，越來越受歡迎。因為她送給別人美好！就這樣，她感受到自己的生命有意義，自己的行為有價值，她的憂鬱症徹底康復了！

第二，原諒他人。一位爸爸答應和媽媽一起去接女兒放學，但因為計畫中的事情沒有處理完，錯過了接女兒的時間，只有媽媽一個人去接了，這位爸爸很愧疚、很自責。回到家見到女兒便道歉說：「女兒，爸爸要向你道歉。」女兒說「怎麼了老爸？」這位爸爸說：「你看今早爸爸和你說好了要和媽媽一起去接你放學的，但是，因為時間沒安排好，錯過了接你的時間，所以爸爸現在很自責，對不起女兒。」女兒說：「沒關係的爸，你是因為工作太忙了！」這位爸爸很感動，「女兒，爸爸感謝你的諒解！」女兒稍微一愣，哈哈笑著說：「不用謝，原諒你了！」那一刻，這位爸爸看到女兒特別有價值感。因為原諒別人，而獲得認同。

5. 成就感

與馬斯洛需求層次論的「自我實現」相對應。

給孩子成就感的最好方法就是父母正確地肯定孩子。一是用表揚公式肯定。在下列 12 個方面給予孩子肯定。表揚公式包括描述行為、描述結果、描述父母的喜悅和指引等三部分。一位媽媽的案例：「上次媽媽和你討論的那件關於工作

的事情，你幫媽媽出了一個主意，昨天，我按照你的意見去和上司溝通了，得到了上司的認同，事情順利解決了，媽媽心情非常好！你的思考能力真棒啊！」孩子聽完後，非常高興，然後說：「今後有事找我」。二是認同「果」，強調「因」。一定不能過分肯定「果」。你這次考試名次進步了12名，媽媽為你高興！你是怎樣努力做到的？可能是更認真了，可能是練習更多題目了，可能是和高材生相處獲得幫助了……我們強調的「因」，就是為孩子的方向指引，希望父母在下列12個方面來強調「因」。

第一，肯定努力。這麼多作業都做好了，你真努力。

第二，肯定態度。今天去學畫畫的時候，我發現你特別認真。

第三，肯定堅持。這件事挺難的，但是你沒有放棄。

第四，肯定思考。你這個辦法是很好的，你怎麼想出來的呢？

第五，肯定習慣。我發現你每天寫完作業，都把書包整理得整整齊齊的，這個習慣很好。

第六，肯定善良。爸爸看到你有幫助受傷的同學背書包。

第七，肯定獨立。你是一個很獨立的孩子，因為你都可以自己起床，不需要爸爸叫了。

第八章　自動奮發的心理機制

　　第八，肯定勇氣。上臺發言真的是挺難的,但我看到你很勇敢地去發言了。

　　第九,肯定誠信。說好每天只玩手機三十分鐘,你說到做到,堅守信用。

　　第十,肯定細心。你還提醒爸爸帶雨傘,你真是細心的孩子。

　　第十一,肯定領導力。你帶著好幾個小朋友排隊盪鞦韆,你很會領導。

　　第十二,肯定責任心。出門的時候你一直牽著妹妹的手,你真有責任心。

第九章
超越自我的思想機制

父母的認知,撐起孩子的天空;父母的高度,決定孩子的成功。

黑格爾(Hegel)說:「人是靠思想活著。」

笛卡兒(Descartes)說:「我思故我在。」

《孟子》說:「心之官則思。」

弗里德里希‧恩格斯(Friedrich Engels)說:「地球上最美的花朵——思考著的精神。」

孩子超越自我的思想機制就是理性開發。理性,作為構成生命核心的三大要素——理性、情感、意志之一,其位在第一。無數名家、大師都對培養人的理性的重要性多有論述,可見其重要性。孩子受教育,首先是開發理性,只有當孩子懂得為什麼要學習,才有可能全力以赴地去努力。孩子不愛學習,沉迷網路,渾渾噩噩,是對人生迷惘的表現,教育者有責任幫助孩子建立起正確的人生觀。

理性分為科學理性和哲學理性,本章重點介紹哲學理性及其培養。

第九章　超越自我的思想機制

什麼是哲學理性

理性是指人對事物分析、推理、判斷、選擇的思想能力。理性發展的目標是「求真」，不被虛妄矇蔽，不被世俗誘惑。

哲學理性是指對天地人、大千世界根本規律的理解和運用，是高度的理性，也叫深度邏輯思考能力，讓人明心見性，是智慧範疇，而不是智力範疇。《禮記・學記》說：「玉不琢，不成器；人不學，不知道。」這裡的「道」指的是「天道」，即恆常的規律。

人對客觀事物的反應稱為認知。認知越高，思想越有深度；思想越深，認知提升越快。二者相互促進。

哲學理性有什麼用

1. 對培養孩子樹立正確的人生觀有重要意義

人生觀是哲學範疇,是人的「GPS」。「我是誰?」、「我要到哪裡去?」、「我如何能實現目標?」當一個人經由受教育、社會實踐以及導師引領,使他的理性從智力層面升級到智慧層面,也就是昇華到哲學理性的時候,他對世間萬物會看得很「通透」、「很本質」,能看到事物內在的真相,即格物致知。《禮記·大學》說:「物格而後知至,知至而後意誠,意誠而後心正,心正而後身修,身修而後家齊,家齊而後國治,國治而後天下平。」認知正確才會產生智慧思想,人生觀端正了,「修身」就會自動自發。

2. 對培養孩子社會適應性非常有利

《道德經》說:「天之道,利而不害;聖人之道,為而不爭」、「上善若水,水善利萬物而不爭,處眾人之所惡,故幾於道」這其中揭示的是天地人「大道」——善利萬物、不爭、處下。《道德經》又說:「天長地久。天地所以能長且久者,以其不自生,故能長生。是以聖人後其身而身先,外其身而身存。非以其無私耶?故能成其私。」若父母在教育孩子的過程中,能遵循天地運行規律,引導孩子只專注於修為自己,讓自己成為最好的自己,無論在學習生涯中,還是在

第九章 超越自我的思想機制

職業生涯中,都不需要和別人比較,用自己最好的德才,貢獻他人、貢獻環境、貢獻社會,活出人生真正的價值。這不正是教育孩子的大智慧嗎?我們的孩子有了這種思想深度,將在社會、職場等任何人際關係裡都遊刃有餘,活出真實自我,活出自由快樂。

3. 培養孩子成為卓越領導者的重要前提

各行各業都需要「專才」,各行各業都需要卓越領導者。一個卓越領導者必須具備三大關鍵素養和能力——見識、思想和表達。讀過的書、走過的路、累積的經驗屬於見識;通曉天地大道,直達事物本質,找到事物意義,善於去偽求真,能化繁為簡,可轉危為安,能化腐朽為神奇,常破死局於無解,扶傾廈於既倒,這是強大的思想;能把自己的思想表達出來,引領一群人跟你走、跟你做,這需要強大的表達力,表達力就是生產力。而在卓越領導者三大素養和能力中,思想是核心。經典文化是培養孩子深度邏輯思考能力最好的養分。父母有意識地用經典文化開發孩子的哲學理性,是孩子與天下菁英頂峰相見的最快捷徑。

4. 為培養孩子「情感」和「意志」提供了保障

當孩子懂了自己「要成為什麼樣的人」、「要到哪裡去」的意義的時候,很容易會明白,只要想做一個優秀人才,都必須走過「學涯」這一條路,哲學理性建立起來的「真知」即遠

大理想,會讓孩子對學習產生情感,「熱愛」是學習的重要保障;為了學習,孩子會以快樂心情和頑強意志力去面對學習上的困難,在克服一個一個挑戰的過程中,享受學習成就感帶給他的快樂!

第九章　超越自我的思想機制

理性、情感、意志的關係

生命猶如一粒種子，在這一顆種子裡，理性、情感、意志構成了生命核心。

理性是指對天地萬物、大千世界根本規律、不變道理的認知和運用。由低到高，它分為科學理性和哲學理性。情感是指人對外界事物的主觀心理感覺和情緒，和理性一樣，是構成人的精神世界的一個重要部分，依據動物屬性和社會屬性，它分為自然情感和審美情感。意志是指人自覺地調整自己的思想和行為，克服困難，實現預定目標的心理傾向和過程。意是意念，志是努力的方向。這三者構成了人完整的精神世界。

人最初都是靠感覺認知世界的。在理性開發的同時，我們發現孩子感受好、情緒好，好奇心就會提升，更喜愛學習，能吸收更多東西，得到激勵，就會更加努力。隨著理性的開發，尤其是當孩子懂得努力進步的意義的時候，孩子對某一領域的學習產生「愛」的情感，他的學習就會進入自動自發階段，且容易堅持很久，這就是意志。意志是從情感中分離出來的一種心理傾向，什麼東西能讓孩子堅定不移，是愛！什麼東西能讓孩子愛上學習、努力奮進？是理想！三者互相關聯，互相生發，平衡依存。

如何快速地開發孩子的哲學理性

1. 必須用傳統文化這個優質養分去滋養孩子

在中華傳統文化中，蘊含著非常豐富的精神營養，是培養孩子價值觀最好的養分；在中華優秀傳統文化中，有無數的聖賢和英雄事蹟，為培養孩子提供了強大的精神力量，能激勵孩子不怕困難、奮發向上。

2. 父母必須和孩子同學共修

父母的認知程度較高，思考範圍較廣，經驗累積較多，在家庭中和孩子「共學」——分享研討、交流感想，因為資訊對稱，父母就可以在分享、交流彼此看法、感想之中，對孩子實行啟發和引領，幫助孩子的理性快速擴展和提升。可見，從科學理性到哲學理性的學習過程，父母參與進來，對孩子的培養非常有益。

3. 引導和激勵孩子在學校加強歷史和語文的學習

文史在學科教育中的地位在不斷提升，英文的重視度有所下降，我認為這是對的！我們的孩子應該首先要學好的一定是母語文化。

4. 和遊歷、社會實踐、解決實際問題相結合

哲學理性只有在實務中學習和提升是最快速的。無論是在學校裡學習，還是在家庭中擴展，父母要堅持「三結合」，

第九章　超越自我的思想機制

學以致用，方為大用。遊歷是在情景中學，同時，父母和孩子多交流一些歷史和社會現實，在歷史和現實事物的基礎上建構思考邏輯，特別是父母可以經常和孩子交流生活中的實際問題，放手讓孩子去思考，談認知，提出解決問題方案，再深入討論。「兩耳不聞窗外事」地培養孩子，是很難幫助孩子建立起哲學理性的。

5. 允許並倡導孩子「質疑」、「批判」

開發孩子的哲學思辨能力遠遠比正確答案更有意義。我們的教育在這個方面存在一定的不足。老師要求「對答案」、「一考定勝負」，沒有時間讓孩子們「胡思亂想」、「胡言亂語」，時間一久，孩子們的大腦就容易僵化！

第十章
持之以恆的信念機制

認真可學會;勤奮致業精;理想給指引;意志成遠行。

在新的社會形態下,如何重建道德價值系統?如何用當代的核心價值觀培養孩子?就落到了千家萬戶的家庭教育上,與孩子的成長、成人、成才、成功的教育過程密切相關。人性的道德光芒,必將再一次照耀大地,熠熠生輝。那些具有良好道德品格又才華洋溢的年輕一代必將大有作為,成為下一個時代的社會推動者、掌控者。

第十章 持之以恆的信念機制

什麼是意志？

意志是個體自覺地確定目的，並根據目的調節、支配自身的行動，克服困難，實現預定目標的心理過程。意是意念；志，即志向，是對努力方向的堅持。意志是一種心理傾向，這種心理傾向在行為上表現為持久地堅持，就稱為意志力。

道德，是人類才有的高級意志。是人類高級意志對低階意志進行規範和限制，並超越動物自然屬性之上的一種發自於內心的自覺、自律和慎獨，人的高級意志所形成的道德，其指向一定是善良天性，那就是人性之光輝。理性求真，情感求美，意志求善。

「人之初，性本善；性相近，習相遠」人類的同情心是與生俱來的，它是道德的源頭，它是高級意志建立的基礎。人性本善，但為什麼長大後就有善惡之別了呢？是因為「習相遠」，所以我們必須立足教育，「千古聖人，教化為根。」正確的教育可以讓孩子的生命釋放人性光輝，錯誤的教育可能把我們的孩子送上歧途。

意志的作用

1. 意志，可以決定行為

1979年，我第一次參加升學考試。我的校長和老師都說：你是我們學校學習成績最好的，學校為你安排五位老師教你一個人，你直接考大學。不知道外面的天有多大、外面的競爭對手有多強，我聽從校長和老師的善意安排（那時的升學和他們的收入無關，他們只為榮耀而戰！），走進了考場⋯⋯結果我的成績離錄取線還差9分。考試落榜了，村民間的流言蜚語開始悄悄傳開⋯⋯

我想要做「天之驕子（人們當時對大學生的美稱）」的決心沒有絲毫動搖。身處於貧困地區一戶十口之家，特別缺乏勞動力（農民），家裡負擔不了我的學費，我必須開始「半農半讀」的人生！每天和農夫們一起務農工作，半天農務，半天學習，晚上步行往返二十里路去城鎮上高中開設的升學補習班去上兩節課。15歲的我，做了農夫，拿起鋤頭和成年人一起鏟地，收割黃豆，翻遍家裡找到了兩副手套，如獲至寶一般，戴在手上。黃豆成熟後，每個豆莢兩端都是硬硬的尖角，很容易扎到手，可是我戴了兩副手套還是常常被扎得血淋淋的，疼痛難忍⋯⋯嚴寒酷暑、冰天雪地、大雨滂沱，苦難沒有改變我的心智，卻讓我更加堅強！1980年，我第二次參加升學考試，候補上了專科，我放棄了，我的老師很替我

第十章　持之以恆的信念機制

可惜！第二次考試又落榜了。

1981年，我第三次參加升學考試，候補上了大專，我的老師都喜出望外，我們村子終於出現了一位大專生！但我還是不想去，我告訴身邊的人，我要繼續考，這一生我一定要上大學！學校的校長找到我，「你來教學吧，當個代課老師，將來有一天會轉正式教職」，我拒絕了！屢戰屢敗，卻讓我愈挫愈勇。

第三次落榜之後一年，我被一間「升學考試備戰班」錄取了，讀起了「全日制」學校。我每天晚上十點鐘睡覺，早上四點鐘起來，冷水洗洗臉，便拿著書跑到離村二里遠的河邊背書，六點跑回家，吃一個大餅，便步行去城裡上學……春夏秋三季在學校學習、在野外學習，學習不感覺苦；冬天就很難熬了，我家是三間土房，十口之家，沒有我學習的地方，停在倉房里的奶奶的壽材（倉房是放農機具的地方，四處透風）成了我的「書房」，這個書房不大，卻承載著一個鄉下孩子的全部夢想！我找來烏拉草，用木槌子把烏拉草搗柔軟，放在奶奶的壽材裡，壽材旁的凳子上點一盞燈，冬天時零下四十度，我就睡在倉房奶奶的壽材裡。

1982年，我第四次走進考場，終於，我以超過最低錄取標準65分的成績，考進了夢想的殿堂！四十多年過去了，我仍是村子裡唯一的一個大學生……

意志以認知為前提。一個人決心要做好一件事情,比如一個孩子決心要考高分,他必須首先要清楚各科知識、技能形成的原理,比如數學要考高分,你必須理解、掌握基本原理、基本知識,並且經由大量練習題目以提升技能,在這個正確認知前提下,你下定決心並透過努力考到高分才是可能的。很多孩子也想考高分,有這種心理活動傾向——意志,但不願意多做題目、多練習,而是找老師提前補習,校外先學一遍,到學校課堂上再學第二遍,由此取得不錯的分數。很顯然,孩子對如何拿高分的理解是錯誤的,暫時拿到高分也是沒有意義的,而且「勞民傷財」。所以,在學科方面,父母教育孩子首先要做的不是透過提前訓練或不斷地補習讓孩子考高分,而是首先要讓孩子懂得如何才能學習好的道理、規律。沒有正確認知,卻下定決心去行動,都不會有好結果。更重要的認知是:人為什麼要好好學習?人生的意義到底是什麼?這種認知只來自家庭教育,不是來自學校的學科老師的知識教育。

2. 意志,可以影響認知活動

在科學家身上,充分地展現了意志的作用。一個科學工作者,立志為科學獻身,透過親身的學習和實踐,經由觀察導師的科學研究,經由讀書學史以及導師指點,科學家會積極主動地去思考問題,對傳統科學或新的探索進行推理假設,並透過實踐不斷地去驗證自己的判斷,經過長期的實

第十章　持之以恆的信念機制

驗、實踐，終於有一天，一篇創造新知識、新技術的科學論文橫空出世了！科學家的意志，使他在將理性知識用於改造客觀世界的探索中，創造了對客觀世界新的認知。孩子學習好不好，和他的心理傾向關係非常緊密。如果有了理想，有了實現理想的堅定信心，孩子很容易克服學習上的困難，甚至沒有困難，他的人生總是享受著成功挑戰所帶來的喜悅。如何讓孩子早日建立起一種卓越的心理傾向，靠這個意志支撐孩子去努力奮鬥。

3. 意志對情感有調控功能

很多得了癌症的人，當他聽到得了癌症之後，意志垮了，導致免疫力更快速降低，結果是生命離開得更快了。我的一位朋友，52歲時身為某集團公司的副總，在當年體檢中檢查出了癌症，大家都知道企業發展壓力很大，加班是家常便飯，夫妻倆商量，決定提前退休，在山上買了一處農舍，每天和妻子去爬山，喝山泉水，在農舍旁蓋了一個種菜的大棚子，100多坪的農地，種了十幾種蔬菜、向日葵等，吃綠色食物，喝大自然的水，讀書、喝茶、聽音樂，每天都過得非常快樂。因為他認為自己過一天就多賺了一天，更加珍惜！而快樂是提升免疫力最好的「藥」。六個月後，去醫院複診，癌細胞竟然消失了！有時候科學也無法解釋一些現象，也許堅強而樂觀的態度讓他戰勝了病痛。心理強大的人，不怕困難，越戰越勇，他不會逃離，更不會放棄，「戰鬥到勝

利」是他的座右銘。高昂、奮進、追求卓越；他不苦、也不累，而是奮鬥並快樂著。想想看，如果我們能幫助孩子建立強大的心之力，透過讀書、訓練，把孩子的意志力培養成功，我們還擔心孩子不愛學習嗎？

當然，情感過程對意志過程有很大的影響。積極向上的情緒可以鼓舞意志，激發戰鬥力；反之，悲觀消極的情感會削弱人的戰鬥力。所以父母教育孩子要專業地運用理想的能量、榜樣的能量、溝通引導的能量，讓孩子愛上學習，他就會對學習產生強大意志。因為，任何人都會為愛而努力，隨著理性的開發，尤其是當孩子懂得努力進步的意義的時候，孩子對某一領域的學習產生「愛」的情感，他的學習就會轉變為自動自發，不懼困難，一路向前，這就是意志。意志是從情感中分離出來的一種心理傾向，什麼東西能讓孩子愛上學習？是「認知」！什麼東西能讓孩子動力十足地學習進步？是「理想」！什麼東西能讓孩子堅定不移地努力奮鬥？是「使命」。

第十章 持之以恆的信念機制

如何培養孩子的意志力？

1. 目標指引

透過讀書、學文史、遊歷見世面以及大量的實務體驗，培養孩子樹立正確的人生觀，樹立清晰的人生目標，這能大幅地激發孩子的意志力，當在學習上、生活中、人際關係裡出現困難和障礙的時候，因為目標的引領，孩子不會懼怕，底氣十足，戰勝一個難題，信心增加一倍，他的意志力會變得更強大。

2. 基礎認知

從胎教開始，父母在觀念上就必須高度重視孩子的培養。整個小學畢業前的教育，都要以開發人、育人為教育目標，透過為孩子大量地講、帶孩子大量地嘗試、多元探索、多元實踐，讓我們這個世界多元的、正能量的資訊多刺激孩子，解決孩子對事物的基礎認知問題。在孩子上小學後，父母要為孩子講解每個學科的產生歷史和當今價值以及學習方法，增加孩子對學習的理解。已獲得的知識和經驗越多，就更有利於孩子吸收新知識，這是個學習規律。

3. 培養深度邏輯思考

從大自然的一草一木，到家務如洗衣服、做飯，再到每一個學科的意義及學習方法，這是低層次的認知。教育孩子

要不斷地提升孩子的認知高度,培養他深度的邏輯思考能力,高度決定視野,視野決定態度。當孩子站得高、看得遠的時候,他看一切困難都不是困難,成長中面臨的一切問題都是他可以遊刃有餘地解決,他就會信心更滿,意志更加堅強。

4·行為訓練

行為可以改變情緒,情緒可以影響意志,所以培養孩子的意志力,可以透過科學的行為訓練來實現。

第一,依據「3－5－7」學動力教育系統,每天和孩子同時讀同樣的書20分鐘,然後彼此分享。「3－5－7」學動力教育系統的內容都是「高營養」,孩子樂於學;父母和孩子同學共修有利於孩子堅持;同時,透過彼此分享,父母憑藉專業的、系統性的教育智慧,去激發孩子、引領孩子,建立深度邏輯思考,樹立遠大理想,孩子就會越來越懂事,越來越明白自己該做什麼,堅持的習慣就慢慢養成了。在讀書中培養孩子意志力,形成了一種精神品格。人一旦在某一領域形成精神品格,他在所有領域就都具有意志力。所以父母培養孩子意志力,一定不要在多方面同時要求,那樣孩子會很有壓力,因為他做不到。一段時間內只聚焦在一件事情上,透過父母帶動、言傳身教、同學共修,這樣來培養孩子的意志力就會很容易。

第十章　持之以恆的信念機制

　　第二，苦難體驗。「故天將降大任於是人也，必先苦其心志，勞其筋骨，餓其體膚，空乏其身，行拂亂其所為，所以動心忍性，曾益其所不能。」「不吃苦中苦，難成人上人。」苦難是最好的老師。我在極其貧困的山村裡，連續四年參加升學考試，冬天零下四十多度睡在倉房奶奶的壽材裡；家裡沒有錢支持我上學，我要翻山越嶺、砍柴賣到城市裡，近處的山上已經沒有樹木可砍了，我必須拉著人力車，翻過三座山，那裡的山上柞樹、樺樹很多，在山上砍了柴，七、八棵柞樹、樺樹捆成一捆，拖到山下裝車，爬山坡時，把一車柴拉到山頂，我沒辦法走直線，因為沒有那麼大力氣，必須要走「之」字形線，所以山路就更顯得「漫長」，套在我肩上拉車的繩子，深深地陷進我已經很瘦弱的皮肉裡，留下紅紅的血印，變成了繭……吃過這樣的苦難，讓我後來的人生，就不再有苦難，苦難已讓我變得強大，苦難讓我變得從容。正如唐朝詩人王勃在〈滕王閣序〉中所言：「窮且益堅，不墜青雲之志。」今天，談到讓孩子吃苦，他們已經沒有機會吃我當年那樣的苦了，但什麼時代都可以做苦難教育。我兒子八歲的時候，我把他送到了鄉下同學家裡和他們「同甘共苦」半個月，我去接他離開的時候問他的感受，他說：「爸爸，我永遠不會過這種日子。」那就去努力學習吧，只有學習能改變命運。做農耕體驗、到貧困地區生活、扶貧，都可以設計成孩子的苦難教育項目。

第三，軍事訓練。主要是國防教育、軍事訓練內容，為孩子種下信念堅定、不畏艱險、不畏犧牲的精神心錨。體能訓練、團隊凝聚、激烈戰鬥、救死扶傷、長途跋涉、團隊分享、多元評價⋯⋯這種從靈魂塑造到行為改變的系統性軍事訓練，如果持續進行，將對培養孩子愛國心、報國志以及綜合精神品格大有益處。

第四，體育運動。柏拉圖說：「體育和音樂是培養理想公民最重要的兩極，體育使人堅韌不拔，音樂使人精緻文雅。」蘇霍姆林斯基說：「我們力求使學生深信，由於經常的體育鍛鍊，不僅能發展身體的美和動作的和諧，而且能形成人的性格，鍛鍊意志力。」孩子透過持續的體育運動，練就美而強健的體魄，才能承載學習和生活的「重負」。我提倡團隊競技運動，它能為孩子帶來最大的收穫。除了健美的身體外，還能培養孩子的責任感、意志力、挑戰精神、團隊精神、深度邏輯思考、溝通表達能力，等等。

第十章　持之以恆的信念機制

抗挫能力測試

1. 面臨問題時，你會：

A. 知難而進；B. 找人幫忙；C. 放棄目標

2. 你對自己的才華和能力的自信程度如何？

A. 十分自信；B. 比較自信；C. 不太自信

3. 每次遇到挫折，你都能：

A. 大部分都能自己解決；B. 有一部分能自己解決；

C. 大部分解決不了

4. 在過去的一年中，你遭受幾次挫折：

A. 0 至 2 次；B. 3 至 5 次；C. 5 次以上

5. 碰到難題時，你：

A. 失去自信；B. 為解決問題而動腦筋；C. 介於 A、B 之間

6. 產生自卑感時，你：

A. 不想工作；B. 立即振奮精神去工作；C. 介於 A、B 之間

7. 困難降臨到自己頭上時，你：

A. 厭惡至極；B. 認為是個鍛鍊；C. 介於 A、B 之間

8· 碰到討厭的對手時，你：

A· 無法應付；B· 應付自如；C· 介於 A、B 之間

9· 工作中感到疲憊時：

A· 總是想著疲憊，腦子不靈光了；B· 休息一段時間，就忘了疲憊；C· 介於 A、B 之間

10· 有非常令人擔心的事時，你：

A· 無法工作；B· 照樣工作不誤；C· 介於 A、B 之間

11· 工作進展緩慢時，你：

A· 焦躁萬分；B· 冷靜地想辦法；C· 介於 A、B 之間

12· 面臨失敗，你：

A· 自暴自棄；B· 使失敗轉化為成功；C· 介於 A、B 之間

13· 工作條件惡劣時，你：

A· 無法做好工作；B· 能克服困難做好工作；C· 介於 A、B 之間

14· 上司給了你很難完成的任務時，你會：

A· 丟回去了事；B· 千方百計做好；C· 介於 A、B 之間

結果分析：1 至 4 題：A 2 分；B 1 分；C 0 分；5 至 14 題：A 0 分；B 1 分；C 0 分。

得分在 0 至 8 之間：說明抗挫折能力很弱。

第十章 持之以恆的信念機制

　　生活中比較普遍的挫折也會讓你備受壓力和煩惱，讓你感覺自己的生活很糟糕。你需要提升自己的抗挫折能力，遇事當機立斷，不要左顧右盼；不要過分計較個人得失；在學習、工作和生活中處理好人際關係，不要勾心鬥角；遇到痛苦和積怨，不要抑制自責，要善於轉移和分散注意力，必要時可大哭一場；遇到煩惱和心理矛盾時，主動找知心朋友談心請求幫助。

　　得分在 9 至 18 之間：說明雖然有一定的抗挫折能力，但對某些挫折的抵抗力薄弱。

　　你可能對於首次遇到的挫折沒有很好的處理方法，但是在多次經歷後就會快速了解如何處理。在遇到挫折時，尤其是自己無法解決時，可以主動求助於知心朋友，千萬不要壓抑，怨天尤人，而應該將情緒表達出來，轉移和分散注意力會讓你更好地對抗精神壓力。

　　得分在 19 至 28 之間：說明抗挫折能力很強。

　　你擁有樂觀豁達的良好情緒，積極向上的人生態度，這有助於你消除受挫情緒，提高自信心，對抗精神壓力。

第十一章
閱讀和遊歷

拉開人和人層次距離的是見識。

我們說閱讀是孩子精神發育不可替代的、極其重要的養分來源。人的一生直接體驗畢竟非常有限，80%以上的知識和文化都來自間接經驗，就是靠閱讀和遊歷見世面獲得。

聯合國教科文組織在1995年的巴黎總部會議上，把4月23日訂定為世界讀書日。一個節日能夠成為世界共同的節日，可見這件事一定相當重要！為什麼把4月23日訂定為全世界讀書日呢？這與一幅名畫有關，這一幅名畫叫做〈聖喬治屠龍記〉(*Saint George and the Dragon*)。一條惡龍要傷害一名公主，就在這千鈞一髮之際，聖喬治騎著戰馬衝上來了，揮舞著戰刀，斬殺了這條龍，拯救了公主。公主非常感激，就送給聖喬治一本書做紀念。從此，書就象徵著膽識、象徵著力量、象徵著智慧，這個故事就發生在4月23日。同時，把4月23日定為世界讀書日，還和兩個人有關係，一個是米格爾‧德‧塞凡提斯(Miguel de Cervantes)，一個是威廉‧莎士比亞(William Shakespeare)。塞凡提斯是西班牙人，《唐吉訶德》(*Don Quixote*)就是塞凡提斯的作品。在西班牙人眼裡乃至在歐洲人的眼裡，塞凡提斯相當於中國的孔子，他是

第十一章　閱讀和遊歷

大文豪，有聖人的稱謂，他是 4 月 23 日去世的。非常巧合，另一位大文豪莎士比亞的出生日和去世日都是 4 月 23 日。因為一幅名畫，為了紀念兩位文化巨匠，所以聯合國教科文組織就把 4 月 23 日定為世界讀書日。

閱讀和遊歷的好處

余秋雨說:「閱讀最大的理由是想擺脫平庸,早一天就多一份人生的精采;遲一天就多一天平庸的困擾。」愛讀書的家庭稱為「書香門第」,閱讀是家庭教育的職責。讀書和遊歷相結合,遊歷過程的資訊刺激,非常容易引起孩子的讀書興趣。這樣讀書,對於幫助孩子建立深度邏輯思考、培養豐富美好的心靈以及高尚的道德靈魂,非常有益。

1. 閱讀和遊歷能開發孩子的理性、提升孩子的智慧

法蘭西斯・培根(Francis Bacon)說「讀書使人明智」,他還說「讀書可以改變人性」,使人的心靈、人的道德、人的靈魂能夠得到完善。馬克西姆・高爾基(Maxim Gorky)說「書籍是人類進步的階梯」。

閱讀是在書中領略世界,而遊歷是親身用腳丈量、用眼睛看世界。透過在書中讀、在遊中悟,開發孩子的理性思考、提升孩子的人生智慧。

2. 閱讀和遊歷能改變孩子的意志、昇華孩子的靈魂

在書中見識歷史、見識世界;在遊歷中去體驗、去感受。人的意志會變得更成熟,靈魂會得到昇華。

有一本書叫《鐘樓怪人》(Notre-Dame de Paris),男主角叫卡西莫多(Quasimodo),是巴黎聖母院的敲鐘人。卡西莫

第十一章　閱讀和遊歷

多是個棄嬰，身體條件非常差，長相怪異，奇醜無比，但他有一顆善良高尚的心，儘管沒人認同，沒人祝福，他依然對浪漫愛情充滿幻想，他勇敢地保護愛斯梅拉達（Esmeralda），雖然這種愛情無法為他帶來快樂，相反地，還讓他陷入了極度的精神困惑，他怕自己的醜陋嚇到愛斯梅拉達，面對愛斯梅拉達被判絞刑的情形，他為自己無能為力而深感沮喪，憤怒之下他把收養他的副主教推下教堂⋯⋯他來到愛斯梅拉達的墓地，抱著少女的屍體死去了，然而，在這一場以克羅德‧法羅路（Claude Frollo）為代表的黑暗勢力的「摧殘」下的愛情中，卡西莫多的人格得到了昇華。如果讀了這本名著，再去巴黎聖母院親身感受一下，走進那森然、宏偉的教堂，你的腦海裡就會出現書中的畫面，那是在靈魂中「燒錄」的一個過程，在這個過程中，每個人的心靈都會得到昇華。

3. 閱讀和遊歷能激發孩子的情感、豐富孩子的心靈

我倡導讀書要系統化。

一個人讀書少，遊歷少，也會有愛恨情仇，但他的情感會是簡單、蒼白的，很難有感同身受、刻骨銘心。

4. 閱讀和遊歷能增長孩子的見識、培養孩子的理想

一位哲人說：拉開人和人最後距離的因素是見識。在書中品味歷史、感受英雄人物；在遊歷中見識歷史、思量自己的未來。在閱讀和行走中，孩子會心生嚮往，樹立起遠大理想。

我 15 年來堅持用讀書帶動遊歷,用遊歷引導讀書。每一次遊歷出行前都配合閱讀內容,一方面讓參加遊歷的所有成員在出行前就對所要遊歷的內容有更多了解,另一方面也因此「吊」起參遊者的「胃口」,充滿期待。讀了書,再身臨其境,「文」最容易「化」。

第十一章　閱讀和遊歷

閱讀該怎麼讀？

根據孩子的年齡階段，我提出閱讀的類型。

1.「書香門第」三類書

第一，薰陶類書。是用來薰陶的，不一定要系統性地讀，常常是在某種心境下，像隨手書一樣，拿出來翻翻，比如《二十四史》、《資治通鑑》等。

第二，工具書。是用來查閱的，不必系統性地讀，比如《康熙字典》、《百科全書》等。

第三，必讀書。比如興趣類的書等。

必讀書之一是興趣類的書。孩子對什麼東西感興趣，就立即開始讀什麼樣的書，父母的「滋養」必須及時，因為孩子感興趣的東西才能最有力地刺激神經發育。孩子的興趣一變，閱讀的書就跟著變。孩子不感興趣的書不能「硬」讀，否則就會損傷好奇心和學習意志。

必讀書之二是傳統文化方面的書。在全素養教育中，最重要的是生根教育，生根就是培養學習動力，最優質的養分就是傳統文化。一旦根扎下去了，孩子就會自動自發。

2. 如何閱讀效果最好？

就閱讀論閱讀，需做到心、眼、腦、嘴、手並用，並要持之以恆，則效果最好。前些章涉及過，他人書中也多有論

述,在此不再贅述。我試圖把閱讀作為培養優秀孩子的一項綜合手段,站在這個高度來講閱讀效果。

第一,父母和孩子同學共修。靠孩子自己讀書而愛上讀書的孩子很少。

第二,閱讀和遊歷相結合。缺少畫面感的閱讀很容易忘記,更不容易「化」成孩子的精神品格。

第三,用「講」帶動閱讀和遊歷。費曼學習法有一個觀點:教是最好的學習方法。引導孩子對父母,對同學講,並把孩子讀和講的情景發揚出去,會贏得很多親朋好友的稱讚,並且把獲得稱讚的情況告訴孩子,孩子會得到巨大的激勵。

第四,閱讀、遊歷和踐行相結合。宋代偉大詩人陸游〈冬夜讀書示子聿〉中有兩句詩:「紙上得來終覺淺,絕知此事要躬行」,告誡兒子凡是學問一定要躬身踐行。知而不行等於不知,做,才可能成真。把所學、所聞、所見付諸行動,「化」得才最深刻。

第十一章　閱讀和遊歷

東西會通的三大類遊歷

世界那麼大，哪裡都想去看看。但是，孩子的時間是有限的，父母的時間更是有限，家庭的財力也是一個很大的決策因素。如何花最少的時間、最少的錢，獲得最大的遊歷收穫？我告訴大家今生必有的三大類遊歷。

第一類是傳統文化尋根遊歷；第二類是著名大學。如北大、清華、哈佛、劍橋、多大、UBC等。

第三類是著名博物館、著名美術館以及孩子興趣方面的專業場館。如軍事博物館、歷史博物館、大英博物館、羅浮宮等。

如何在遊歷中獲得最大收穫？旅遊和遊歷大不同。旅遊重在「行走」，邊行邊看，走馬看花；而遊歷重在「歷」，即經歷，也就是「穿越」古今受教育，重在教育。怎麼遊歷收穫最大？遊歷和讀書相結合；遊歷和表達相結合；遊歷和榜樣影響相結合；遊歷和名師指引相結合。這「四結合」是核心競爭力，帶給家庭最大收穫。

讀萬卷書不如行萬里路。要讀有字書，更要如魯迅所說：「用自己的眼睛去讀世間這一部活書」。孩子的身心若非在教室裡，就是在路上。

第十二章
讓孩子的人際關係更融洽

　　智商只是成功的基礎，EQ才是成功的關鍵。

　　1921年，史丹佛著名心理學教授劉易斯·特曼（Lewis Terman）帶領他的團隊開始了一項非智力研究實驗，60年後發表的結果令人震驚！特曼團隊選擇了1,528名智力天才兒童參加這一項實驗，這些孩子的智商都在130以上，經過幾十年的追蹤調查發現：其中一部分人很成功，而另一部分人平平庸庸。分析這兩部分人的人生成就為什麼差別巨大，原因是很成功的那部分人，他們堅毅、自信、進取、樂觀、一絲不苟，而這些因素都不屬於智力範疇。

　　1960年，英國人格心理學家沃爾特·米歇爾（Walter Mischel）在史丹佛大學附屬幼稚園裡做了一個著名的「棉花糖實驗」，他選擇了一群4歲的孩子，大多是史丹佛大學教職員及研究生的子女。他把孩子們帶到實驗場所——每個人一間小房間，房間裡有一把小椅子和一張小桌子，周圍很安靜。實驗人員在每個孩子面前的桌子上都放了一顆糖，並告訴孩子：「老師出去辦點事，20分鐘就回來，如果在我回來的時候，你沒有把桌上的糖吃掉，老師就再獎勵你一顆，如果沒等到老師回來，你就把桌上的糖吃掉了，就不再給了」，你就

第十二章　讓孩子的人際關係更融洽

只能吃到這一顆糖。」誘惑難耐，屋子裡的攝影機記錄了孩子們的各種表現：從開始時的淡定，到後來眼睛盯著糖、抓耳撓腮、焦慮、閉眼、碰一碰又縮回了手、扒開糖紙舔了舔又包回去……三分之一的孩子最終沒有忍住，吃掉了那顆糖，三分之二的孩子堅持住了，最後得到了兩顆糖。十幾年後，要上大學了，研究人員發現：吃到兩顆糖的那些孩子，他們自制力好，處理問題的能力強，堅強勇敢，樂於挑戰；而選擇吃一顆糖的孩子，他們大多表現為猶豫不定、多疑、妒忌、神經質、好惹是非、任性、受不了挫折、自尊心容易受傷。後來，這個實驗又持續了幾十年，事實證明：那些有耐心等待吃兩顆糖的孩子，他們在事業上比那些不願意等待的孩子獲得了更大的成就。

1990年代，西方學術界提出了「EQ」（Emotional Intelligence Quotient）這個概念。1995年，哈佛大學心理學家丹尼爾・高曼（Daniel Goleman）教授出版了《EQ：決定一生幸福與成就的永恆力量》（*Emotional Intelligence*），系統性地闡述了EQ理論。

EQ就是情緒管理能力。它包括：自我情緒認知及管理、他人情緒認知及引導、抗挫能力、快樂能力以及人際溝通與團隊合作五個方面內涵。

自我情緒認知和管理的前提是自我意識。就是對自己情緒狀態及其變化能夠敏感地覺知，能及時地對自我情緒進行管控。

EQ 和智商的關係

1. 智商是成功的基礎,EQ 是成功的關鍵;

2. EQ 對智商發揮引導和支配作用;

3. 智商高、EQ 低是人際關係衝突最要害的因素。

第十二章 讓孩子的人際關係更融洽

低 EQ 人的 18 種表現

父母要教孩子遠離低 EQ 的孩子。我們的孩子怎麼能知道同學中哪個人是低 EQ 呢?方法就是父母掌握低 EQ 現象,透過和孩子聊交友情況,進行判斷和引導。

經過十多年的研究,我歸納了低 EQ 人的 18 種表現。

1. 思考負面,負面情緒主導意識;

2. 以自我為中心,不考慮他人;

3. 我行我素,指手畫腳,不合群;

4. 缺乏寬容和忍耐精神;

5. 喜歡揭露他人短處;

6. 自我封閉,孤僻,怪異,猜疑;

7、自卑,脆弱,不能面對挫折;

8. 急躁,好發脾氣,好脾氣留給外人,最差的脾氣對待親人;

9. 自制力差,具破壞性;

10. 注意力不集中,只在意自己說什麼;

11. 有各種恐懼的幻想;

12. 總是對自己不滿意;

13. 自私,不願意幫助別人;

14. 霸道,事事不讓人;

15. 責任心差,好事往前搶,壞事往後躲;

16. 凡事斤斤計較;

17. 過度依賴,必須要人扶持,沒有自我;

18. 不顧對方感受的「率真」,容易傷人。

第十二章 讓孩子的人際關係更融洽

培養高 EQ 孩子的 17 種方法

人際關係如水，高 EQ 的孩子如魚。不僅要培養孩子有遠大理想，有優秀才華，還要培養高 EQ 以及優秀的表達能力，才能讓孩子在人際關係中「如魚得水」。培養高 EQ 孩子有很多方法，下列方法簡單有效。

1. 透過正確的教育，讓孩子的理性充分提升，抑制遺傳因素的負面影響；

2. 從做家務開始，培養孩子的生存技能；

3. 用音樂、美術薰陶；

4. 用延遲滿足、少滿足、拒絕滿足，培養忍耐力和自制力；

5. 不包辦、不代替，培養孩子的責任感；

6. 團隊成長，在團隊中獲得激發或榜樣影響；

7. 遊歷見世面，開闊眼界，放大格局；

8. 正面教育激發，培養自尊心；

9. 苦難體驗，培養抗挫能力；

10. 教會孩子同理心；

11. 教孩子懂禮儀、樂奉獻，培養合作意識；

12. 至少培養一項運動愛好，培養意志力、挑戰精神、合作精神、爆發力等精神特質；

13. 應用長輩角色，教孩子愛父母；

14. 樹立一個好榜樣，尤其是父母一定能發揮示範作用；

15. 經由社會實踐，多接觸社會，經風雨、見世面；

16. 激發孩子好奇心，培養探索精神；

17. 增加孩子領袖氣質，訓練孩子的表達與溝通能力，透過觀察他人，照見自己等等。

第十二章　讓孩子的人際關係更融洽

融入團隊的三個致勝法寶

人的本質是關係。尤其是在科技非常發達的今天，人們已經不可能獨立地在某一個領域獲得突破，必須要靠多領域合作。美國總統撰稿人丹尼爾·品克（Daniel H. Pink）在他的《未來在等待的人才》（*A Whole New Mind*）中提到，未來的人要獲得偉大成就，必須具備「交響能力」，即整合能力。人必須要「多才」，還要與人合作。

教育孩子擁有卓越的人際關係能力必須掌握的三大法寶。

1. 樂付出

成為樹葉──吸收二氧化碳，提供氧氣，尤其是剛剛進入一個團隊，能否對團隊付出、貢獻，這是團隊是否選擇你的最重要條件。

2. 有能力

團隊不需要「濫竽充數」，團隊追求系統性的效率，你必須有能力擔當起重任。

3. 善表達

表現 EQ 高最直觀、最普遍的方法就是「能言善道」，如果一個人不善於表達，那麼，他就不能為團隊和諧帶來更大的正面效用以及對外擴大團隊影響力。微軟的創始人比爾·蓋茲（Bill Gates）親自推廣公司理念和產品，就是善表達的案例。

EQ 自我測試

一共 33 題，測試時間為 25 分鐘，最高 EQ 分數為 174 分。

第 1 至 9 題：請從下面的問題中，選擇一個和自己最切合的答案。

1. 我有能力克服各種困難：

A. 是的　B. 不一定　C. 不是的

2. 如果我能到一個新的環境，我要把生活安排得：

A. 和從前相仿　B. 不一定　C. 和從前不一樣

3. 一生中，我覺得自己能達到我所預想的目標：

A. 是的　B. 不一定　C. 不是的

4. 不知道為什麼，有些人總是迴避我或對我冷淡：

A. 不是的　B. 不一定　C. 是的

5. 在路上，我常常避開我不願意打招呼的人：

A. 從未如此　B. 偶然如此　C. 有時如此

6. 當我集中精力工作時，假使有人在旁邊高談闊論：

A. 我仍然能用心工作　B. 介於 A、C 之間　C. 我不能專心且感到憤怒

7. 我不論到什麼地方，都能明確地辨別方向：

第十二章　讓孩子的人際關係更融洽

Ａ· 是的 Ｂ· 不一定 Ｃ· 不是的

8· 我熱愛所學的專業和所從事的工作：

Ａ· 是的 Ｂ· 不一定 Ｃ· 不是的

9· 氣候的變化不會影響我的情緒：

Ａ· 是的 Ｂ· 介於 Ａ、Ｃ 之間 Ｃ· 不是的

第 10 至 16 題：請如實選答下列問題，將答案填入右邊橫線處。

10· 我從不因流言蜚語而氣憤：

Ａ· 是的 Ｂ· 介於 Ａ、Ｃ 之間 Ｃ· 不是的

11· 我善於控制自己的面部表情：

Ａ· 是的 Ｂ· 不太確定 Ｃ· 不是的

12· 在就寢時，我常常：

Ａ· 極易入睡 Ｂ· 介於 Ａ、Ｃ 之間 Ｃ· 不易入睡

13· 有人侵擾我時，我：

Ａ· 不露聲色 Ｂ· 介於 Ａ、Ｃ 之間 Ｃ· 大聲抗議，以洩己憤

14· 在和人爭辯或工作出現失誤後，我常常感到顫抖，精疲力竭，而不能繼續安心工作：

Ａ· 不是的 Ｂ· 介於 Ａ、Ｃ 之間 Ｃ· 是的

15· 我常常被一些無謂的小事困擾：

Ａ· 不是的 Ｂ· 介於 Ａ、Ｃ 之間 Ｃ· 是的

16‧ 我寧願住在僻靜的郊區，也不願住在嘈雜的市區：

A‧ 不是的 B‧ 不太確定 C‧ 是的

第 17 至 25 題：在下面問題中，每一題選擇一個和自己最切合的答案。

17‧ 我被朋友、同事取過綽號、譏諷過：

A‧ 從來沒有 B‧ 偶爾有過 C‧ 這是常有的事

18‧ 有一種食物會使我吃了之後嘔吐：

A‧ 沒有 B‧ 記不清 C‧ 有

19‧ 除了看見的世界以外，我的心中沒有另外的世界：

A‧ 沒有 B‧ 記不清 C‧ 有

20‧ 我會想到若干年後有什麼使自己極為不安的事：

A‧ 從來沒有想過 B‧ 偶爾想到過 C‧ 經常想到

21‧ 我常常覺得自己的家庭對自己不好，但是我又確切地了解他們的確對我好：

A‧ 否 B‧ 說不清楚 C‧ 是

22‧ 每天我一回家就馬上把門關上：

A‧ 否 B‧ 不清楚 C‧ 是

23‧ 我坐在小房間裡把門關上，但我仍覺得心裡不安：

A‧ 否 B‧ 偶爾是 C‧ 是

24‧ 當一件事需要我作決定時，我常覺得很難：

第十二章　讓孩子的人際關係更融洽

A. 否 B. 偶爾是 C. 是

25. 我常常用拋硬幣、翻紙、抽籤之類的遊戲來猜測凶吉：

A. 否 B. 偶爾是 C. 是

第 26 至 29 題：下面各題，請按實際情況如實回答，僅需回答「是」或「否」即可，在你選擇的答案下打「√」。

26. 為了工作我早出晚歸，早晨起床我常常感到疲勞不堪：

是 否

27. 在某種心境下我會因為困惑而陷入空想，將工作擱置：

是 否

28. 我的神經脆弱，稍有刺激就會使我戰慄：

是 否

29. 睡夢中我常常被噩夢驚醒：

是 否

第 30 至 33 題：本組測試共 4 題，每題有 5 種答案，請選擇與自己最切合的答案，在你選擇的答案下打「√」。答案標準如下：

1	2	3	4	5
從不	幾乎不	一半時間	大多數時間	總是

30. 工作中我願意挑戰艱鉅的任務。 1 2 3 4 5

31. 我常發現別人正面的意願。 1 2 3 4 5

32. 能聽取不同的意見，包括對自己的批評。 1 2 3 4 5

33. 我時常勉勵自己，對未來充滿希望。 1 2 3 4 5

總計得分：

參考答案及計分評估：

計分時請按照記分標準，先算出各部分得分，最後將幾部分得分相加，得到的分數即為你的最終得分。

第1至9題，每回答一個A得6分，回答一個B得3分，回答一個C得0分。計（　）分。

第10至16題，每回答一個A得5分，回答一個B得2分，回答一個C得0分。計（　）分。

第17至25題，每回答一個A得5分，回答一個B得2分，回答一個C得0分。計（　）分。

第26至29題，每回答一個「是」得0分，回答一個「否」得5分。計（　）分。

第30至33題，從左至右分數分別為1分、2分、3分、4分、5分。計（　）分。

總計為（　）分。

90分以下，EQ較低；90至129分，EQ一般；130至149分，EQ較高；150分以上，EQ超高。

第十二章　讓孩子的人際關係更融洽

第十三章
學涯規劃，邁向卓越

不要關注孩子夢想的對與錯，而是趁著孩子有夢想的時候進行激發，做好今天該做的事情。

在史蒂芬・柯維（Stephen Covey）所著的《與成功有約：高效能人士的七個習慣》(*The 7 habits Of Highly Effective People*)中，講了高效能人士的7個好習慣，其中第二個是「以終為始」。凡事都要有一個長期目標，按照長期目標那個「終點」往當下推，制定系統性的目標計畫。父母培養孩子，要有系統性的規劃，而不是「走一步算一步」，請專業老師為孩子畫一張成長藍圖，「藍圖在手，前程無憂」。父母和孩子都知道每天該做什麼、每週該做什麼、每個月該做什麼、每個學期該做什麼、每一年該做什麼，各個時期都明訂策略，長期目標引領每一個當下，分解後的小目標達成就意味著長期的大目標實現，何憂之有？只有快樂向前！

第十三章　學涯規劃，邁向卓越

哈佛大學「目標威力」實驗

關於目標與人生，哈佛大學有一個非常著名的實驗。

1953年，哈佛大學的學者們做了著名的「目標威力」實驗。學者們對一群智力、學歷、環境等條件都差不多的年輕人進行長達25年的追蹤調查。

25年前調查結果顯示：27%的人沒有目標；60%的人目標模糊；10%的人有明確但比較短期的目標；3%的人有明確且長期的目標。

25年後調查結果顯示：那27%沒有目標的人，幾乎都生活在社會最底層，甚至靠救濟生活，他們貧困潦倒，抱怨一切；那60%目標模糊的人，幾乎都生活在社會中下層，平平凡凡，普普通通，他們對社會無所褒貶，默默無聞；那10%有明確短期目標的人，大都成為了各行各業的專業人士、優秀菁英，比如醫生、律師、工程師等，他們突破了階層，躋身社會的中上層；那3%有長期明確目標的人，幾乎都成了各行各業的領袖，推動社會進步，處在社會最高層。

目標的重要性

圖 13-1 臺階圖

「目標威力」實驗的結果證明了目標對人生的重大意義。第一，目標是制定人生規劃的依據。人生有如攀爬高樓，有了明確的要到達的最後高度，就可以建造樓梯結構了。設計多少個折返？確定每個折返有多少個臺階？每個臺階有多高才最有利於攀爬？當我們把長期目標分解成一個一個臺階似的小目標的時候，人的行動就不再畏難了。所謂「藍圖在手，前程無憂」；第二，目標給人方向感。目標猶如閃耀的燈塔，導引著人生「航行」的方向，有了它就不會「迷航」，人根據這個方向，隨時檢討和調整自己的行動，聚精會神，日進有功；第三，目標是動力來源。行為科學揭示了「刺激－動機－行動－結果」及其循環的科學邏輯，我們要什麼果？不能在「果」上施力，而是不斷地給予「刺激」建立「動機」。目標猶如我們駕駛的汽車的引擎，馬力越大，跑得越快、越

第十三章 學涯規劃,邁向卓越

輕鬆,它能激勵人以頑強的鬥志去超越成功路上的各種艱難困苦,絕不輕言放棄。

目標如此重要!請問各位父母:你培養孩子遠大理想了嗎?孩子有明確的長期目標、中期目標、短期目標和具體行動計畫嗎?你是怎麼為孩子定位和規劃的?你怎麼能確定你的定位和規劃是最科學的?……沒有遠大理想,沒有明確的長期目標,孩子不知道為什麼要學習,學習沒有帶給他們快樂,所以,孩子心裡是迷惘的。

目標設定的原則

　　目標具有強大的激勵作用。因而，父母培養孩子千萬不能「走一步算一步」。制定目標要遵循下列幾項原則：一要明確，孩子能懂；二要可測量，如提升分數；三要可實現，怎麼努力都達不到，孩子就不努力了；四要有挑戰性，激發孩子潛能，用力跳一下能夠得到的目標；五要有時限，到什麼時候完成。父母要依據這些原則，根據孩子的個體情況以及父母對孩子的定位，制定具體的目標計畫。

第十三章　學涯規劃，邁向卓越

生命潛能測試及學業規劃的基本框架

哈佛大學著名教授霍華德·加德納（Howard Gardner）博士於1983年發表其重要研究成果——多元智能理論。這個理論發現顛覆了以往的單一智力理論，他認為人的大腦有多元智能，人的多元智能及其不同組合，使人與人之間產生千差萬別。多元智能理論一經發表，迅速轟動學術界，世界500強企業廣泛應用這個理論對人才進行測試評估，「因材施用」。到2009年，多元智能理論研究達到了「至善」程度——科學、系統、有大量實務證明，被推崇為世界現代三大智力理論之一。

1. 多元智能

多元智能理論提出八大智能，並指出每種智能優勢所適合的職業。

第一，語言智能。指對語言的聽、說、讀、寫的能力。語言智能優勢的人適合記者、編輯、作家、演說家和政治領袖等職業。

第二，邏輯數學智能。指運算、分析、推理判斷的能力。邏輯數學智能優勢的人適合科學家、律師、哲學家等職業。

第三，人際關係智能。指與人相處和交往的能力。人際關係智能優勢的人適合行銷、公關、管理者、社會活動家和政治家等職業。

第四，內省智能。指理解、洞察和反省自身的能力。內省智能優勢的人適合哲學家、思想家、小說家等職業。

第五，空間智能。指感受、辨別、記憶、改變物體的空間關係並藉此表達思想和情感的能力。空間智能優勢的人適合工業設計、珠寶設計、建築設計、畫家等職業。

第六，自然智能。指理解世界、適應世界的能力。自然智能優勢的人適合動物學家、植物學家、化學家、藥學家、地質學家、氣象學家等職業。

第七，肢體動作智能。適合體育、舞蹈、表演等職業。

第八，音樂智能。適合聲樂、器樂、作曲家、指揮家、樂評人等職業。

霍華德·加德納博士在其多元智能測試技術中，提出三種組合模式，分別是：

第一組合：語言智能和邏輯數學智能組合，對應基礎教育學科是國語、數學、外文；

第二組合：肢體動作智能、音樂智能、空間智能和自然智能組合，對應基礎教育學科是物理、化學、生物；

第十三章　學涯規劃，邁向卓越

第三組合：內省智能和人際關係智能組合。

經由應用霍華德·加德納博士多元智能理論，對被測試者測試，找到被測試者多元智能優勢區、潛能區、弱勢區，進行截長補短；再結合智能組合優勢和多元價值取向，來判定被測試者的職業方向；根據父母的定位，結合 SWOT 分析，為孩子做學業規劃。

2. 學業規劃的重要意義

第一，培養孩子有一幅「藍圖」，從此無憂。有方向、有目標、有路徑、有策略，父母和孩子都心中有數；

第二，生命效率最高。「揚長」、「避短」，主次分明，不浪費生命，活出最高效人生。

親子關係自我評價

表 13-1 父母做自我評價

項目	選項	得分
1. 我滿意我目前的家庭和孩子的狀況。	1　2　3　4　5	
2. 和孩子談完話,我很少有批評或指責孩子的想法。	1　2　3　4　5	
3. 孩子願意主動地告訴我,他在外面發生的事情和內心感受。	1　2　3　4　5	
4. 我覺得孩子能快樂地生活,比成績好更重要。	1　2　3　4　5	
5. 和孩子對話時,我很少使用「你應該……」、「你最好否則……」、「不……我就……」的語氣和孩子交談。	1　2　3　4　5	
6. 我認為孩子犯錯和惹麻煩是成長必經的過程。	1　2　3　4　5	
7. 我了解孩子內心的喜好和厭惡。	1　2　3　4　5	
8. 孩子說話時,我能耐心專注地聽完。	1　2　3　4　5	
9. 即使孩子犯了錯,我也不會因此就認為他(她)是個壞孩子。	1　2　3　4　5	
10. 在孩子不聽話時,我總是忍不住嘮叨甚至發脾氣。	1　2　3　4　5	
11. 不論孩子發生什麼事,我都能以孩子的立場,分享孩子內心的感受。	1　2　3　4　5	
12. 我答應孩子的事情,我一定都會履行。	1　2　3　4　5	
13. 我能給孩子充分的自主空間,決定自己的事。	1　2　3　4　5	
14. 親子間有衝突時,我不認為一定是孩子的錯。	1　2　3　4　5	
15. 我承諾過孩子的事,就一定會說到做到。	1　2　3　4　5	
16. 我經常給自己和孩子充裕的時間,避免催促孩子。	1　2　3　4　5	
17. 我能經常和孩子有親密的接觸(例如摸頭、拍肩、拍手、相互擁抱等)。	1　2　3　4　5	

項目	選項	得分
18. 我認為孩子是有理性的,能自己面對和解決問題。	1　2　3　4　5	
19. 我能經常保持愉快的心情和孩子相處。	1　2　3　4　5	
20. 不管我的工作或生活再忙碌,每天我都會留一些時間給子女。	1　2　3　4　5	
總分:		

第十三章 學涯規劃，邁向卓越

表 13-2 孩子做自我評價

項目	選項	得分
1. 我的父母覺得我能快樂地生活，比成績好更重要。	1　2　3　4　5	
2. 我的父母覺得我犯錯和惹麻煩是成長必經的過程。	1　2　3　4　5	
3. 我說話時，我的父母能耐心專注地聽完。	1　2　3　4　5	
4. 即使我犯了錯，我的父母也不會因此就認為我是個壞孩子。	1　2　3　4　5	
5. 不管我父母工作或生活再忙，每天都會留一些時間給我。	1　2　3　4　5	
6. 我的父母能經常保持愉快的心情與我相處。	1　2　3　4　5	
7. 我的父母認為我是有理性的，能自己面對和解決問題。	1　2　3　4　5	
8. 我的父母能經常和我有親密的接觸(例如摸頭、拍肩、拍手、相互擁抱等)。	1　2　3　4　5	
9. 和我對話時，我的父母很少使用「你應該……」、「你最好……否則……」、「不……我就……」的語氣和我交談。	1　2　3　4　5	
10. 不論我發生什麼事，我的父母都能以我的立場，分享我內心的感受。	1　2　3　4　5	
11. 親子間有衝突時，我的父母不認為一定是我的錯。	1　2　3　4　5	
12. 我的父母覺得我能快樂地生活，比成績好更重要。	1　2　3　4　5	
13. 答應我的事情，我的父母一定都會履行。	1　2　3　4　5	
14. 我的父母要求我做的事情，他自己都能做到。	1　2　3　4　5	
15. 我的父母能給我充分的自主空間，決定我自己的事。	1　2　3　4　5	
16. 我願意主動地告訴我父母，我在外面發生的事情和內心感受。	1　2　3　4　5	
17. 我的父母了解我內心的喜好和厭惡。	1　2　3　4　5	

續表

項目	選項	得分
18. 我的父母與我談話時，能了解我內心真正的感受。	1　2　3　4　5	
19. 我的父母滿意目前的家庭和我的狀況。	1　2　3　4　5	
20. 和我談完話，我的父母很少有批評或指責我的想法。	1　2　3　4　5	
總分：		

親子關係自我評價

評分標準：下面描述的是你和孩子相處的一些情況，請你根據實際情況選擇題目後面的數字。1＝很不符合、2＝不符合、3＝尚符合、4＝符合、5＝非常符合。請父母分別作答，並計分。

結果解釋：1· 計分：將你選擇的每道題目後面的數字全部加起來，即得到你的測量總分。2· 若總分在 60 分以下，表示你們的親子關係存在著危機，需盡快進行調整；若總分在 60 至 80 之間，表示你們的親子關係還算融洽，但還可以做得更融洽：若總分在 80 分以上，恭喜你，你們的親子關係非常良好，請繼續保持下去。3· 做完測驗後，請安排一個溫馨的情境，親子共同討論與分享。計算家長做的每一題和子女做的對應的題目之間的差異，如果親子間的回答有明顯的落差問題（相差 2 分以上的題目），需要彼此坦誠討論，以減少彼此間期待的落差。

第十三章　學涯規劃，邁向卓越

第十四章
家庭教育需要高效溝通

溝通力就是教育力。只有符合人性又有邏輯的溝通才具有無限魅力。

我們對孩子實施教育,無論是身教,還是境教(環境教育),最後都一定要用言教來評價、激勵和指引。雖然身教勝言傳,境教勝身教,但是,我告訴大家,言傳也非常重要!因為言教最方便、最經常、最高效。韓愈的〈師說〉中講「師者,所以傳道授業解惑也」,便是指言教。父母和孩子之間積極的語言對話,即是溝通。透過溝通實現教育意圖,讓孩子得到啟迪,改變行為,成為更優秀的自己。

人們總認為自己會說話就自然會交流,會交流就自然會溝通,完完全全忽略了溝通的難度。事實上,當今父母和孩子之間的溝通出現了很大問題。父母和孩子之間產生溝通障礙成為最普遍的教育問題。家庭成員尤其是孩子幸福指數會大幅降低,導致其學習意願、主動性、積極性也大幅下降,甚至厭學。父母的溝通能力急待提高。

第十四章　家庭教育需要高效溝通

有效溝通的三個原則

首先要了解溝通的三要素：

第一個要素，兩個或兩個以上溝通主體。一個人在說，另一個人在聽，或者一個人在講，一群人在聽，這叫表達。溝通需要溝通主體都能積極、充分地相互表達，以實現溝通的目的。父母和孩子是兩個或三個相互表達的主體。

第二個要素，有效資訊交流。有效資訊是指雙方所傳達的訊息能夠被理解，而且對人有用。言來語往，相談甚歡，這是好的溝通。如果話不投機，則「半句多」。

第三個要素，溝通主體之間達成共識。所有沒有共識的溝通，即「溝」而「不通」，都是無效溝通。父母和孩子溝通若沒有達成共識，父母的教育意圖就無法實現。

好的溝通能滿足人的心靈需求，好感覺帶來好關係，好關係有利於取得相互理解，合作雙贏。

怎樣能說到人心坎裡、觸動人的靈魂？

1. 本著同理心原則

父母能感受到孩子的感受，說出孩子的顯性心理需求；並能幫助挖掘孩子尚不自知但真實存在的隱性心理需求。將心比心，換位思考。絕不能自以為是地去說話，絕不能只說自己想說的話。

2. 恪守利他原則

父母跟孩子的溝通是為了實現自己的要求,還是引導和幫助孩子成為最好的自己,這展現著利他天道。絕不能只站在自己需求滿足的立場溝通,那一定是「溝」而「不通」。

3. 應用利弊對比原則

孩子是被教育的對象,他的理性還沒有發展到完全,對事物的對錯、是非、美醜還做不到準確的分析判斷,況且對於未來的長期結果,孩子是沒有感受的,特別需要有人協助梳理清楚。所以,父母要憑著自身的專業度,幫助孩子做利弊分析,開發孩子的思考能力。比如,好好學習、考名校、讀研究所,到了職場上會有什麼樣的好結果?誰是榜樣?榜樣能不能直接影響孩子?透過這樣的利弊分析,孩子既有感受又提高了理性。

第十四章　家庭教育需要高效溝通

溝通的基本原理 —— 周哈里窗理論

周哈里窗理論誕生在 1950 年代，是一個重要的溝通原理和技巧。人都有四個區：公開區、盲區、隱蔽區和未知區，在一個座標裡，有「自己知道 —— 自己不知」和「他人知道 —— 他人不知」兩個向度。無論是教育孩子還是和其他人溝通，目標原理都是盡量擴大公開區，縮小盲區和隱蔽區。自己的盲區怎麼能縮小？方法就是去詢問他人；自己的隱蔽區怎麼縮小？就是主動地跟別人說。由圖可見，透過問他人和對他人主動說，使中心線向右側移動或向下移動，就導致未知區被開發出來一塊，那一塊自己不知道，別人也不知道，被稱作潛能區。

根據周哈里窗理論，夫妻關係中公開區越大，關係越和諧；父母和孩子溝通中，要盡量讓孩子的公開區擴大，而多元智能測試手段，能最直觀地幫助父母找到孩子的潛能區，進而進行鼓勵和激發，讓孩子產生更大的自信。孩子小的時候，沒有隱蔽區，什麼都告訴父母；孩子一過八、九歲，隱蔽區越來越大，父母越來越不了解孩子了，那就不可能做對教育，因為你不可能說到孩子的心坎裡。因而，父母掌握詢問技術非常關鍵。詢問公式 8 句話：

1. 把某某事情的經過跟媽媽詳細地說一遍，看看媽媽能不能幫到你（說經過）；

2. 對於這件事情你有什麼樣的感受（釋放和療癒）？

3. 下一步你想改善到什麼樣子（確定改善目標）？

4. 你有什麼改善方法（引導孩子想辦法）？

5. 你的改善方法會有什麼樣的後果（引導孩子評估方案）？

6. 你決定怎麼辦（在幾個方案中擇優）？

7. 需要媽媽幫助什麼（表達愛）？

8. 結果怎麼樣（詢問孩子處理的過程和結果）？

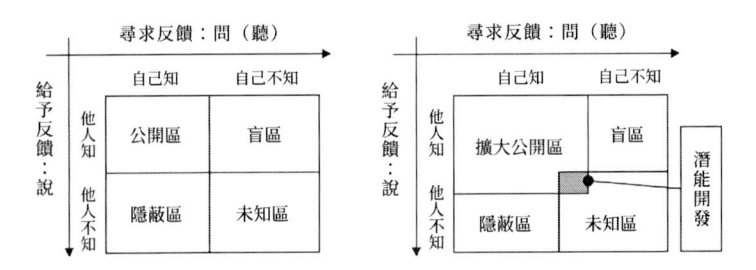

圖 14-1 潛能開發

第十四章　家庭教育需要高效溝通

溝通的基本原理 —— 同理心理論

同理心理論的內涵：站在對方的時空和情境下，感受對方的感受，依據一定的原則，有效地處理事情。

一個人的同理心是一種能力。有區分和感受他人情緒的能力、有推斷和假設他人觀點和角色的能力、有感同身受的情感反應能力，使他人能夠得到心靈共鳴。父母能夠及時體察孩子的情緒，推斷孩子情緒的發展，給孩子提供恰當適時的情感幫助，就為有效溝通鋪設了一條通道。

一個人能不能根據同理心來有效地處理事情，需要遵循兩條重要原則。一條是先處理心情、再處理事情。父母在情緒不好的狀態下不要處理事情，人在情緒下，大腦會釋放腎上腺素，腎上腺素飆升的時候，血管急遽擴張，面紅耳赤。同時，大腦前額葉皮質被激發，多巴胺減少，大腦分泌腦內啡也同時降低，最後都作用在思考上，情緒狀態下思考被抑制，思考力和判斷力都下降，所以人們說：「衝動是魔鬼」。另一條是態度要溫和、立場要堅定。不能感情用事，要講原則，要按家規辦事，同時，態度一定要溫和，不惱不怒，這也是真心愛孩子的表現。

我們來看一個案例，讓大家體會一下同理心理論在溝通中是怎樣應用的。

背景：升學考試成績出來了，艾文全家都陷入了痛苦之中。艾文一直是一個讀書比較上進的學生，按照前幾次模擬考的成績預估，全家人都認為考取前三志願是勝券在握的。但是，分數一出來，全家人都傻了！實際成績比估計總分要低了將近 90 分。媽媽接受不了這個結果，情緒幾乎崩潰，因為孩子和前三志願無緣了。

媽媽：平時要你多努力，你就是不聽，你為什麼不聽媽媽的話？

孩子：我不是努力了嗎？

媽媽：你努力了？怎麼就考這種分數？

孩子：我也不知道啊！

媽媽：你平時考得好一點就滿足了，要你再去補習你就不去，現在怎麼樣？我看你上不了好高中，今後怎麼辦？

孩子：煩死人了！上不了好高中就上不了！

媽媽：那怎麼可以？父母這麼辛苦供你讀書，你不努力，上不了好大學，我們不是白辛苦了嗎？現在上不了好大學，上哪裡找好工作？你未來怎麼辦呢！

孩子：（大哭）我的事不用你管……

媽媽：（大哭）

案例分析：溝通一開始，就違背了溝通的兩項原則。雙方都沒有控制情緒，同理心理論要求：在有情緒狀態下，不

第十四章　家庭教育需要高效溝通

允許處理事情。同時，雙方都不考慮對方的感受。孩子沒考好，孩子是不快樂的，甚至是焦慮的，但媽媽不考慮孩子內心感受，而是站在自己的角度說話——挑剔、指責、恐嚇；孩子自己可能是難過的，但一點都沒有體會到媽媽的心理感受——失落、痛苦、無顏見人，更沒有對父母多年的付出表示感激和歉意，如果孩子對父母有感恩心，他會理解媽媽的情緒。這個溝通的結果是毫無結果，且親子關係進一步惡化，而主要責任者是媽媽，因為她引起的話題，她占據比孩子更高的位置。

如果學會運用同理心理論溝通，效果就截然不同了。跟我學習3年的一個家庭，孩子參加考試也出現了類似情況，因為父母在我的教育系統裡已經有了很高的專業度，他們的孩子在我的「3－5－7學動力系統」也學習了兩年多，孩子和父母都學過我的溝通原理課，他們家已經習慣了「同理心溝通」。

媽媽：兒子，考得不理想，你的心裡是不是很難過？

孩子：是啊，都不想出門了，「無顏見江東父老」。媽媽，我沒考好，妳心裡是不是也很難過？

媽媽：是呀，媽媽是因為知道你心裡難過，我才心裡不舒服的！沒關係，事情發生了，我們就得接受，關鍵是要思考清楚原因，找到改善方法，「不經一事，不長一智」。

孩子：媽媽，我上不了好高中，是不是就完了？

媽媽：我不這麼認為，看你爸爸，他也不是念名校，但他為什麼能做到人力資源老闆，發展得這麼好？不是僅僅靠專業知識，最重要的是靠文化素養、思辨能力、敬業精神、擔當意識。

孩子：我覺得沒考好有點遺憾！一是沒有正常發揮，二是有點對不起妳和我爸爸對我的付出！

媽媽：兒子，我覺得不應該這樣，父母愛孩子是沒有條件的。我想現在最重要的是你盡快「恢復元氣」，放下包袱、快樂起來，分析一下過往我們在學習上存在哪些問題、不足，迅速地調整。雖然我們進不了「前三志願」，但其他高中每年也有很多孩子考上名校啊，就看你想不想？是否下定決心？

孩子：媽媽，我一定要上好大學。我明白，馬上放假了，我去找各科的老師，請他們幫我找找每一科學習上的問題，我盡快改進、趕上，不行的話我再補習。

媽媽：（笑）好的，兒子，媽媽相信你！而且堅決支持你！

孩子：（笑）謝謝媽媽！

案例分析：這個對話，首先是父母站在孩子的角度，感受了孩子的感受，用無條件的愛，去面對孩子成長的得與

第十四章　家庭教育需要高效溝通

失，情緒穩定，語言溫暖。這樣的家庭長大的孩子，也特別能體會父母的辛苦，懂得父母的期望，孩子被愛滋養了，輸出的就是愛。更重要的是這個家庭經過專業訓練，掌握了溝通技巧，不在對與錯上糾纏，而是幫助孩子分析原因，找方法解決問題。媽媽最後的話語不是要求，是溫柔的堅持，是激勵和指引，是真愛的力量。

高效溝通的萬能公式 —— 行為學原理

在中學以前，父母對孩子的「言教」幾乎天天都發生。但我們發現幾乎95％以上的父母對孩子的「言教」都是針對「果」，很少有父母在「因」上下功夫。「女兒，這一週考試排名下降了兩名，這是怎麼回事呀？」、「兒子，我發現你粗心失分太多了！」、「我花錢為你安排補習了，補了兩個月，成績不但沒進步，還反而退步了，你怎麼學的？」……這種直接針對「果」的教育，一定適得其反。

我們知道，任何結果都來自持續的行為，什麼東西驅動行為呢？是動機，動機來自哪裡呢？來自於強烈的刺激。比如，看到別人把孩子培養得很好，上了名校，你受到了震撼（刺激），於是你產生了動機 —— 去向成功者討教，然後，老實地、聽話地照做，你的孩子教育就變得越來越好。再比如，你看到同學買了別墅，你受到了刺激，都是同校、同班的同學，為什麼他行我不行？於是你產生了創造財富的動機，於是去跟隨成功者學習，經驗豐富後，自己創業當老闆，經過幾年的打拚，也買了別墅，實現了理想。我們發現：刺激產生動機，動機產生行為，行為產生結果，結果與他人對照後產生新的刺激，新的刺激產生新的動機……人類社會就是這樣螺旋式進步的。這就是行為學刺激－動機理論。

第十四章　家庭教育需要高效溝通

　　這個行為學理論，是一個萬能的溝通公式。不要在「果」上做文章，而是以建立動機（內驅力、外驅力）為導向，進行正確的刺激、薰陶，從小做起，假以時日，必成正果。為此，父母要不斷地提高自己的文史修養（準備好養分），要具有較高的表達溝通能力（說得好、孩子願意聽），並以身作則，在孩子的優勢方向、潛能方向上，擴展視野，塑造美好，找到榜樣，講人生的意義和榜樣的成功故事，孩子就朝著幸福的人生未來走去了……

溝通的常用公式

1. 鼓勵公式

　　鼓勵是指做某事前或做事中擊鼓以振士氣。父母引導孩子做某件事情前，用正面語言激勵孩子去嘗試、去挑戰，叫做鼓勵。描述做某事的意義＋找出優點肯定＋父母教方法、做示範＋父母的肯定性祝福。比如，孩子正在猶豫是否參加學校的演講比賽。不專業的父母會這樣說：「你怕什麼？就報名吧！」教育程度較差的父母會這樣說：「你行不行啊？你看你國文考那什麼名次，演講稿也寫不出來！」專業的父母會經由詢問，了解孩子的心理，也清楚孩子的優勢，會這樣說：「兒子，演講是一個人成為領導者必備的能力，憑你的口才能力媽媽認為你應該報名參賽，好好準備演講稿，寫好稿後，在家裡多練習幾遍，媽媽認為你取得好名次沒問題。」如果再加上這樣一句就更好了：「演講稿寫好後可以請國文老師指點一下，這樣你的勝出機會就更大了。」

2. 表揚公式

　　「表」：從裡面拿出來；「揚」：高舉起來，發揚出去，讓更多人看到。表揚是針對結果而言。描述孩子的行為＋描述孩子的結果＋父母的喜悅感受。孩子第一次參加歐洲文化遊學，離開爸爸媽媽15天，游學結束回國了，父母接到孩子就

第十四章　家庭教育需要高效溝通

要開始表揚了。「你第一次離開媽媽這麼久,儘管你很想家,但你竟然堅持下來了,這說明你很堅強!而且,在這次遊學中,我聽老師說你特別願意幫助人,到哪裡都認真地看、認真地聽講,老師說你收穫最大,媽媽很高興,為你自豪!」如果表揚後面再加上一句「指引」就更好了!「你這個堅強的性格,做事認真的態度,那是像史蒂夫・賈伯斯(Steve Jobs)這樣的領導者才具備的特質,了不起呀!」

3. 批評公式

在孩子犯錯的時候應用。描述孩子的行為＋描述孩子的結果＋父母的不悅感受,與表揚公式只在最後一點有區別。

4. 評價公式

評價即評估價值。表揚公式＋(同時)改進建議。完整公式如下:

描述孩子的行為＋描述孩子的結果＋父母的喜悅感受＋(同時)改進建議。「你第一次離開媽媽這麼久,儘管你很想家,但你竟然堅持下來了,這說明你很堅強!而且,在這次遊學中,你特別願意幫助人,到哪裡都認真地看、認真地聽講,老師說你收穫最大,媽媽很高興,為你自豪!」如果表揚後面再加上一句「指引」就更好了!「你這個堅強的性格,做事認真的態度,那是像賈伯斯這樣的人物才具備的特質,非常了不起!」同時(這裡不能用轉折詞),老師說:「如果你

在大家討論的過程中,再積極一點分享自己學到的和感受到的就更好了,這樣的話能帶給其他人更多啟發。」「(同時)改進建議」不是批評,是一個改進建議,這樣會更好。

著名學者梁實秋說:「談話,和作文一樣,有主題,有腹稿,有層次,有頭尾,不可語無倫次。」應用以上的溝通公式,可以有效地提高溝通的效率和效果。以上所講的溝通理論、溝通公式都需要父母長期練習才可能成為溝通高手。

第十四章 家庭教育需要高效沟通

第十五章
愛上學習的系統機制

父母在孩子教育上犯錯早晚、犯錯大小、犯錯多少決定了孩子和孩子之間的競爭輸贏。所以，父母教育才是教育的根本教育。

家庭是孩子第一所學校，這一所學校是從胎教開始的，是真正的「起跑點」；這一所學校培養孩子的精神品格，孩子在這一所學校裡永遠都不畢業，因而，家庭這一所學校是最重要的學校。

圖 15-1 學習意願

第十五章 愛上學習的系統機制

培養孩子學習意願

1. 什麼是學習意願

孩子對學習的感受好不好？孩子對學習的主觀動機是否強烈？孩子面對不斷提高難度的學習是否能有強大的意志力堅持下去？……這都影響著孩子學習改變的意願程度。父母對孩子的教育要達成從「父母要孩子學」到孩子「我要學」的根本性轉變，孩子才能自動自發。

2. 學習意願的重要性

蘇霍姆林斯基說：「學習是腦力勞動，從事學習的勞動者必須處於主動狀態。」「學習意願」是影響孩子學習成績的關鍵因素。尤其是家庭教育的教師，其最根本的教育任務是培養孩子的「學習意願」，學習方法及學習能力是「次要重點」。著名教育家陶行知的老師約翰‧杜威指出：「學校需要培養許多學習態度，其中最重要的就是不斷求知的欲望」。

3. 學習意願的培養

第一，好奇心的「餵養」與激發。

與生俱來的好奇心是學習的泉源，是上天賦予每一個孩子的天然學習機制。從滿足孩子的天賦好奇心這個教育「起始點」出發，透過父母專業、持續的激發和指引，就能把孩子引導到擴展閱讀、思考表達和實踐體驗的方向，讓孩子的

消遣性好奇提升到認知性好奇，形成良性的探索學習狀態，超越就是必然的。根據吸引力法則，如果再能經常把小朋友聚在一起，孩子很容易接受來自「夥伴」的刺激，朋友們在一起，讓好奇心和好奇心碰撞，能激發孩子產生更大的好奇心。

第二，父母的激勵與指引。

父母應該無條件地接納孩子，給孩子正確的愛，透過鼓勵、表揚、目標激勵等肯定手段，並讓孩子懂得不斷提升自身價值的意義所在，對孩子進行激勵和指引，做孩子的激勵大師、成功導師。有更高專業度的父母在給予孩子巨大的激勵之後，能立刻給孩子一個更準確、更適當的指引，這樣的激勵和指引，會讓孩子「充飽電」。

第三，培養孩子的責任感。

孩子責任感的形成來自生活教育，在生活中培養起來的責任感會自動轉移到學習方面。從小給孩子「主人」感，透過家規建立和實施，讓孩子擔當家務，透過家庭會議讓孩子參與家庭事務討論、決策及監督執行等，經由生活教育，培養孩子的責任意識，孩子就會懂得學習是自己的責任，學習就會成為孩子的主動行為。

第四，培養孩子的理想和使命。

理想和使命是人最大的驅動力來源。

第十五章　愛上學習的系統機制

　　父母培養孩子，必須能夠幫助孩子看到今天學習這個具體事務背後的價值和意義，孩子看到了那些價值和意義，才會產生遠大理想，並願意把那份擔當看作「捨我其誰」的必然，那就是使命感。

　　第五，明確的目標和計畫。

　　根據目標為孩子制定完整的目標計畫系統，對激發孩子學習意願大有裨益。理想要遠大，目標要明確，計畫要具體。

　　如何為孩子設立科學的學業目標和具體學業培養計畫，主要依據有兩條，一個是孩子的個體情況，另一個是父母的定位及經濟條件。

　　第六，良好的家庭環境和導師指引。

　　家庭是最重要的教育環境。父母親密關係和諧、父母正面評價能力夠強以及父母能成為身教言傳的好榜樣，對孩子學習意願的激發十分重要。如果父母們真的懂得人生的終極意義，把後代成人、成才、成功作為自己今生最大的事業，在這種觀念的支配下，父母才有可能快速學習改變。

培養學習興趣

1. 什麼是學習興趣

學習興趣是指孩子在父母的正確教育下，對學習這個具體事務所產生的一種積極的理解傾向與情緒狀態。培養學習興趣，才能讓孩子對學習產生「快樂」的感受。人在做某件事情的時候，如果痛苦大於快樂，就很難有「意願」。

2. 學習興趣的培養

第一，徹底拋棄學習是「苦差事」的錯誤觀念。喜愛學習本來就是孩子的天賦。

第二，激發孩子的好奇心天賦。好奇心是孩子學習的天然內驅力，孩子天生樂於學習，懂得越多越好奇，好奇滿足越充分越快樂；越快樂越愛學習。

第三，父母帶動學習。父母能夠陪伴孩子，並且和孩子一起同學共修，孩子在愛中更喜愛學習。

第四，在實踐中學習。小學低年級以下的孩子，忌諱以記憶力應用為主的教育。孔子的媽媽教他學習，學了一陣子「禮」，就到房門外做「慎終追遠」（《論語‧學而》）的實踐──敬天拜地，這樣的學習才有意思。父母要放手讓孩子和小朋友一起參加實踐課程，在團隊實踐中學習，孩子的積極性就更高。

第十五章　愛上學習的系統機制

第五，在遊歷見識中學習。帶領孩子前往文化聖地、大自然、博物館，在遊歷中教，情景中學，孩子就會喜愛學習。

第六，有目標地學習。及時發現孩子的興趣方向，沿著興趣方向進行激發，在多元嘗試中注重「挖掘潛力」，並和孩子一起制定個別的小目標，每一次達成，有一次激勵評價，讓孩子及時獲得成就感。

第七，找到正確的學習方法。和學校老師建立良好互動關係，讓老師成為家庭教育的幫手，依靠學校老師，幫助孩子找到最好的學習方法，提升學習能力，讓孩子有勝任感、榮譽感。

培養學習能力

1. 什麼是學習能力

學習能力是指孩子能夠自覺地調整自身狀態,透過學校教育和家庭教育訓練,在分析問題、解決問題的過程中形成概括化經驗,並在學習考核中獲得優良學習成果的能力。培養孩子的學習能力,讓孩子認為「我會成功」,是讓孩子愛上學習系統機制的關鍵。孩子有能力才會有信心,才會越戰越勇。力小而任重,德薄而才高,一定會傷人的。孩子在學習上多次受挫,就會大幅影響學習興趣和學習信心。

2. 學習能力的培養

一個孩子的學習能力包括規範的學習行為、良好的學習習慣以及有效的學習方法。主要展現在扎實的基礎知識、正確的學習方法以及邏輯分析能力等方面,其中前兩個方面靠學校教育是完全可以達成的。學校教育在邏輯分析能力培養方面也發揮著重要作用,尤其是數學、國文兩個學科,對培養孩子邏輯分析能力有很大作用,但家庭教育在培養孩子邏輯分析能力方面作用更大。

關於學習方法方面。我推薦費曼學習法。理查·費曼(Richard Feynman)是著名的物理學家,1965 年獲得諾貝爾物理學獎。費曼學習法「以教代學」,用學習者「輸出」引發「輸

第十五章　愛上學習的系統機制

入」，而且能做到建立關聯、舉一反三、觸類旁通，因此，費曼學習法在全世界都被廣為推崇。費曼學習法分為四個步驟：第一步，學習某種新知識。搞懂基本概念和原理；第二步，教會他人。可以拿一張白紙當作黑板，想像對面坐著一個比自己年紀小的學生，你把學到的新知識講給他聽。「教，是最好的學習方法。」第三步，卡住時回顧。在面對白紙講解的時候，很少人能無間斷地順暢完成，只要出現了不確定的部分，就要回顧老師是怎麼講的？例題是怎麼講的？概念之間是怎麼連結的？「查缺補漏」，消除盲點，問題解決後，再重頭講一遍，直到順暢完成。第四步，表達簡化。為了讓自己的講解通俗易懂、言簡意賅，你要努力簡化你的語言表達，或者和自己已經掌握的基礎知識建立起類比關係，這樣就能更容易理解所講的內容。後三個步驟的循環，可以讓第一步的基礎知識變得更加扎實。

關於邏輯分析能力方面。邏輯思考分為科學邏輯思考和哲學邏輯思考。學校教育主要培養孩子科學邏輯思考，研究人與自然、人與科學、人與文史關係，學校裡的所有學科尤其是數學、國文、社會都有培養孩子邏輯分析能力的作用。哲學邏輯思考是研究人與人、人與社會相互關係的學問，這個方面不是學校老師的專長，必須要靠家庭教育補充。

孩子的學習能力與孩子的心智模式、目標感、責任感、自制力、自信心、身體狀態等方面都有緊密關係。

培養學習自信心

1. 什麼是學習自信心

學習自信心是指孩子個體對自己完成學習任務、實現學習目標的一種肯定的心理傾向。「我做得到」。展現孩子對自己學習能力的肯定和對自己高度接納欣賞的一種態度。阿基米德（Archimedes）曾說：「給我一個支點，我將舉起整個地球。」這是何等的自信！

有關學習信心的研究顯示：在成績優良組中，充滿自信的學生占55％，45％的學生缺乏學習自信心；在成績中下組中，充滿自信的學生只有10％，90％的學生缺乏學習自信心。按照人的個性特質順序：自尊心、責任心、自信心、上進心、自制力、意志力，前面的個性特質是後面個性特質的前提，前面的沒有培養起來，後面的就非常可能「倒下去」。自尊心不強的孩子，就不願意負責任；自信心不足的孩子，就不願意再努力。也就是說，自信心的缺乏，必然導致學習動力下降，而學習動力不足，學習成績就非常可能不理想。可見，幫助孩子建立強大的學習自信心相當重要。學習自信心對學習行為有定向功能，對學習動機、對學習意志的維持都有嚴重影響。

第十五章　愛上學習的系統機制

2. 學習自信心的培養

第一，父母的肯定。在學習內外找到孩子的優勢，進行肯定，甚至是「放大」成績肯定。尤其是要多在學習之外的多元嘗試和體驗中進行肯定讚美，孩子在某一個領域裡建立起來的自信心，會一定程度地轉移到學習上。

第二，對孩子「揚長」培養。「揚長補短」，孩子哪一科學得比較好，就重點學習哪一科，做「延伸」培養，讓孩子獲得成就感，自信心提振之後，再採取適當方式帶動「次長科目」進步，「步步為營」。在孩子沒有學習自信心、沒有學習動力的情況下，孩子哪一科成績不好就「補」哪一科，是違背人性的，所以補習補不出來結果，還浪費了父母的錢財，更浪費了孩子的生命，最可怕的是再次對孩子的自信心施以「重擊」。

第三，給孩子提供幫助。比如：請好老師，幫孩子解決學習方法方面的困惑；幫助孩子和學習優秀的同學做朋友；幫助孩子提升對學習的理解，讓孩子明白他和高材生之間不是智商的差別，而是在努力和堅持努力方面有些差距等等。

第四，父母把學校老師變成幫手。尊重老師，和老師建立良好關係，是父母的本分。

第十六章
偏差行為的因果邏輯及其改善

　　父母學習改變的速度,就是孩子改善成長的速度。父母好好學習,孩子天天向上。

　　由於父母在孩子教育上的專業度過低,導致孩子一到了三年級後就大量地出問題,比如:拖拉、溝通障礙、厭學、網路成癮。孩子身上的問題到底是怎麼形成的?大孩子的父母如何亡羊補牢?小孩子的父母如何防患於未然?本章我和大家一起分析孩子問題的因果邏輯,並提出解決方案。學習改變命運,教育成就未來。

第十六章　偏差行為的因果邏輯及其改善

拖拉的成因、危害及改善

什麼叫拖拉？以推遲的方式拒絕完成任務，或者是延緩完成任務的時間，這個就叫拖拉。大詩人陶淵明寫：「盛年不重來，一日難再晨。及時當勉勵，歲月不待人。」拖拉浪費的時間不會回來，拖拉損害的意志力很難恢復。

1.孩子拖拉的成因

第一，父母沒有幫助培養孩子的規則意識。規則意識屬於道德範疇，遵循規則才能不妨礙他人、不傷害他人，這叫道德。

第二，父母沒有培養孩子的責任感。

第三，父母缺乏理想教育。孩子有理想，做事才有動力、才會積極主動。

第四，父母沒有訓練孩子做事的流程和效率。孩子不知道應該做什麼事，不懂得怎麼做事，做得好、做得不好沒關係，做得快、做得慢都無所謂。

造成孩子拖拉的成因還有很多，如父母在學習上「施壓」、父母坐在孩子身邊監督、父母有負面「榜樣」影響、父母不會激勵、父母雙方教育標準不一致、孩子做事缺乏訓練、孩子的學科知識不扎實等等，具體某個孩子拖拉的成因

要根據這個孩子的原生家庭情況做具體分析，找到系統性原因，才可以提出系統性的改善方案。

2. 拖拉的危害

第一，拖拉導致專注力下降，學習盲點越來越多；

第二，學習盲點越來越多，導致學習成績下降；

第三，成績下降會受到老師批評、同學歧視，人際關係出現問題；

第四，父母按照「優先發展短項邏輯」，讓孩子不停地補習，導致孩子學習信心和學習意願不斷下降；

第五，補習補不出效果，父母就會指責、要求，導致溝通障礙；

第六，孩子焦慮，壞情緒，導致厭學、叛逆、網路成癮、早戀、交壞朋友……

3. 改善拖拉的措施

第一，父母快速改變，讓自己成為家庭教育專家；

第二，建立家規，培養孩子規則意識；

第三，做家務，培養孩子責任感；

第四，培養孩子深度邏輯思考，樹立遠大理想；

第五，透過磨難教育，培養孩子的意志力；

第十六章　偏差行為的因果邏輯及其改善

第六，做社會公益，培養孩子的愛心和社會責任感；

第七，遊歷見世面，觀世界才有世界觀；

第八，訓練孩子做事效率；

第九，融入優秀孩子團隊之中，榜樣影響；

溝通障礙的成因、危害及改善

　　什麼是溝通障礙？溝通主體某一方或雙方因為對於所交流的訊息不感興趣、不願意接受，從心理上產生對溝通的消極、厭煩甚至反抗的情緒，而導致溝通失效的狀態叫溝通障礙。80％的中、小學生家庭都有溝通障礙，但很多父母不自知，每天「言教」的過程中，一直都是在說自己想說的話，而不去思考說什麼孩子會願意聽，怎麼說孩子能接受。原本在父母和孩子這個溝通關係裡，父母具有天然優勢——因為你們是父母親，本來應該非常有利於實現有效溝通，而事實上卻是適得其反。父母對自己的溝通能力程度「誤判」，對孩子的感受力「誤判」，對教育的技術性「輕視」，都證明父母的認知能力實在低下。因為溝通障礙，孩子在家中跟父母關係不和諧，幸福感很低；因為專注力下降，在學校學科成績下降，缺乏獲得感；孩子覺得生活沒有什麼意義。

　　1. 溝通障礙的表現

　　父母在和孩子溝通時，在專業上，出現下列情形就意味著溝通障礙。

　　第一，父母說得多，孩子回饋得少；

　　第二，孩子沒有心悅誠服地接受父母的「教誨」；

　　第二，溝通過程中，孩子的情緒和正常狀態有很大的區別，比如：怒、喊、不耐煩、心不在焉等。

第十六章　偏差行為的因果邏輯及其改善

2. 溝通障礙產生的原因

造成溝通障礙的因素有很多，比如表達主體傳達的訊息、表達目的、表達姿態、表達藝術及回饋者的個人情緒管理、個人感受力、個人判斷力、個人表達力。

第一，父母的溝通位置錯誤。從位置上來說，父母和孩子的溝通有三個相對位置，一是父母比孩子位置高，我稱之為「上位溝通」；父母和孩子位置同樣高，我稱之為「平位溝通」；父母比孩子位置低，我稱之為「下位溝通」。父母採用什麼位置，取決於要溝通的訊息或事件。除了道德類問題，父母一般都不能用上位溝通，居高臨下，孩子很不舒服，容易引起反感。如果父母和孩子交流的事情是有關於人生理想、知識文化、父母職業等，就應該以朋友角色，做平位溝通。如果三句話過去後，孩子明白了，說來說去是批評我學習不夠努力、分數考得不夠高，孩子的感受是「被要求」、「被指責」，溝通就會陷入障礙之中。

第二，父母傳達的訊息無效。所謂訊息無效是指父母對孩子表達的東西沒有「營養」，就是對孩子沒有幫助，孩子一定不願意聽。比如父母天天說：「你要好好學習呀！」，週末去爺爺家，回來父母問：「奶奶給你做什麼好吃的了？」接孩子放學問「今天考試了嗎？」、「今天累不累呀？」父母天天問這樣的低階問題，孩子會非常不耐煩！自然不願意跟你說。

第三，父母教育能力低，達不成共識。孩子的問題是鏡子，是用來看清父母自身問題以求改變的。覺知能力強的父母應該立即學習、改變，否則，愛孩子就是一句空話，甚至是騙人的話。

3.溝通障礙的危害

第一，溝通障礙限制孩子智力成長。父母無法給予孩子營養，要求多、批評指責多，而啟發、激勵、指引少，溝通障礙一旦產生，孩子見到父母時，神經細胞處於憂鬱狀態，思想不活躍，智慧就不會開。

第二，溝通障礙會破壞孩子專注力。帶著情緒去學習，自然不能全神貫注，效率低、準確度低、學習不扎實都無法避免。進而導致學科成績下降甚至嚴重下降，學習成就感降低一定導致學習意願下降。

第三，溝通障礙導致孩子厭學。教育的邏輯一定要符合人性，教育要「揚長補短」、「自動自發」，補習是在「短處」方面下功夫，孩子因為學科成績不夠好，已經被老師「公開」若干次了，他已經被暗示「你不夠好」很多次了，父母還要孩子在他已經喪失信心的方面拿到令人羨慕的結果，想想孩子內心會有怎樣的感受？他怎麼能感受到父母的愛？結果就是厭學。孩子一旦厭學了，信心沒了，鬥志沒了，恢復起來就很困難！

第十六章　偏差行為的因果邏輯及其改善

4. 溝通障礙的改善

第一，父母接納孩子，修復溝通管道；

第二，給孩子愛的感受；

第三，父母必須改變自己的教育觀念，提升教育能力，學會溝通的藝術；

第四，激發孩子的「亮點」，放大孩子的「優勢」，幫助挖掘孩子的「潛力」；

第五，創造和孩子的共同經歷，比如一起遊歷、一起運動；

第六，多傾聽，讓孩子教父母，父母給予孩子能量滿滿的肯定。

厭學的成因、危害及改善

什麼是厭學？孩子對學習產生厭惡的心理傾向以及消極對待學習的行為反應，叫做厭學。其實孩子是帶著學習的天然機制——好奇心來到這個世界的，他們天生就愛學習。那為什麼孩子又不愛學習了呢？

1. 孩子厭學的成因

第一，父母放縱、溺愛孩子；

第二，父母超前把孩子推進學科知識「深淵」，為的是「搶籌碼」；

第三，父母沒有培養孩子規則意識；

第四，父母沒有培養孩子責任感；

第五，父母沒培養孩子理想和意志力；

第六，父母唯分數論，在分數上高標準、高要求；

第七，從小網路成癮；

第八，憂鬱。

其實，許多孩子厭學的本質是「習得性無助」的心理問題。在心理學上，「習得性無助」指個體即使努力學習，依然重複多次的失敗，最終形成了「無論怎樣努力也不會成功」的絕望感，繼而放棄努力。

第十六章　偏差行為的因果邏輯及其改善

2.厭學的危害

第一，成績嚴重下滑。三天兩日就請假不上學，或者上學也是心不在焉，知識盲點越來越多，跟不上了。

第二，人際關係障礙。所有父母都會要自己的孩子遠離那些厭學的孩子。

第三，厭學的孩子非常痛苦。他知道不上學或學不好是什麼後果，一直焦慮、煎熬中，非常可能導致心理疾病。

第四，厭學非常容易與網路成癮「併發」。孩子在學習上得不到尊嚴，想到虛擬世界中尋求慰藉。這時的父母若是還不覺醒，繼續要求孩子、指責孩子，厭學、網路成癮就會和溝通障礙、叛逆、輟學「勾連」成「併發綜合症」。

3.厭學的改善

第一，父母快速學習、改變，接納孩子現狀。孩子已經厭學的家庭，親子關係一定早就出現了障礙。溝通不順暢就沒辦法做教育。父母愛孩子，必須快速轉變，真心誠意地檢討自己的教育過失，接納孩子，恢復溝通管道；

第二，父母透過專業、系統性的學習，提升文化素養，用無為的策略，和孩子常交流，提振孩子自信心；

第三，為孩子換一個環境，重新開始；

第四，帶孩子遊歷見世面，激發生命動力；

第五，測定孩子生命潛能，激發「亮點」，挖掘「潛能」，做一個讓孩子看到希望的學業規劃。

第六，在孩子學習意願恢復到一定程度時，請家教在學科方面「查缺補漏」。

第十六章　偏差行為的因果邏輯及其改善

網路成癮的成因、危害及改善

什麼是網路成癮？孩子長時間地、習慣性地沉浸在手機或電腦網路中，對網路產生強烈的依賴，沉迷於無意義內容不能自拔，致使不能正常地生活和學習。這叫做網路成癮。

1. 網路成癮的特徵

第一，嚴重依賴。「廢寢忘食」地上網，手離開電子產品就難受。

第二，時間過長，一般來說是指每天平均上網達到或超過 3 個小時。

第三，上網行為失控，像是抽鴉片菸上癮一樣無法自制。

第四，學業、職業和社會功能損害。他作為學生不能好好學習了；作為職業人士不能好好工作了；所有自己的社會角色所應該承擔的責任都不能妥善地履行了。

2. 孩子網路成癮的主因

孩子網路成癮的根本原因是家庭環境問題和家庭教育問題。

第一，父母在教育觀念上，不注重育人的教育，沒有認真地履行孩子教育的根本任務──培養道德、責任、理想、信念。

第二，父母在不懂教育的前提下，錯誤地為孩子買了電

子產品或允許孩子使用電子產品。

第三,父母在沉迷電子產品方面給孩子做了負面「榜樣」。

3. 網路成癮的危害

第一,身體健康嚴重受損;

第二,玩物喪志,孩子沒有學習動力;

第三,認知能力越來越差;

第四,自控能力越來越差;

第五,心理非常脆弱,承受不了挫折;

第六,人際關係障礙;

總之,網路成癮幾乎毀掉孩子一生。

4. 網路成癮的改善

第一,接納孩子,恢復溝通管道;

第二,和孩子一起玩手機,縮短每一次玩手機的時間;

第三,陪著孩子一起做運動,恢復孩子的元氣;

第四,帶孩子去遊歷,遊玩中做教育;

第五,為孩子換環境,交給懂教育的人管理;

第六,父母給孩子做榜樣,盡量放下電子產品;

第七,父母開始讀書,並夫妻相互分享,薰陶孩子;

第八,父母專業、系統性地學習改變,用正確的教育引領孩子,這是最長效、最根本的方法。

第十六章　偏差行為的因果邏輯及其改善

親子溝通品質測試

項目	選項					得分
1. 家人總是把自己的情感藏在心裡，不和其他人說。	1	2	3	4	5	
2. 家中經常吵架。	1	2	3	4	5	
3. 在家裡我們感到很無聊。	1	2	3	4	5	
4. 在家裡我們不能想說什麼就說什麼。	1	2	3	4	5	
5. 家人之間經常公開發怒。	1	2	3	4	5	
6. 在家裡訴苦很容易使家人厭煩。	1	2	3	4	5	
7. 有時候家人發怒時摔東西。	1	2	3	4	5	
8. 在我們家，很少有和諧一致的氣氛。	1	2	3	4	5	
9. 家人很少一起出去看電影、吃飯、郊遊等。	1	2	3	4	5	
10. 家裡有事時，很少有人自願去做。	1	2	3	4	5	
11. 家人之間時常互相責備和批評。	1	2	3	4	5	
12. 家庭成員做事時很少考慮家裡其他人的意見。	1	2	3	4	5	
13. 如果在家裡說出對家事的不滿，會有人覺得不舒服。	1	2	3	4	5	
14. 家庭成員有時候互相打架。	1	2	3	4	5	
15. 家庭成員夜間可以隨時外出，不必事先與家人商量。	1	2	3	4	5	
16. 家庭成員的意見產生分歧時，我們一直迴避它。	1	2	3	4	5	
17. 家庭成員之間經常合不來。	1	2	3	4	5	
18. 家人之間講話時經常傷害對方的感情。	1	2	3	4	5	
19. 家庭中很少能夠得到充分的關心。	1	2	3	4	5	
20. 家人有衝突時，有時候會大聲爭吵過去的事情。	1	2	3	4	5	
總分：						

評分標準：下面描述的是你和孩子交流溝通的一些情況，請你根據實際情況選擇題後面的數字。1＝很不符合、2＝不符合、3＝尚符合、4＝符合、5＝非常符合。

結果解釋：

1. 根據每一項得分，計算總分：分數越高，親子溝通品質越低，家庭問題越嚴重。

2. 如總分在 0 至 49 分，說明親子之間的溝通較為順暢，值得表揚，再接再厲。

3. 若總分在 50 至 80 分，說明親子之間的溝通已經出現問題，需要進行調整，孩子的成長已經受到影響，父母需要快速學習改變。

4. 若總分在 80 至 100 分，說明親子溝通問題相當嚴重，一定會影響孩子的成長，父母必須尋求幫助，做出改變。

國家圖書館出版品預行編目資料

發芽教育力,父母與孩子共同滋養的成長之道:父母類型分析 × 心理營養培育 × 偏差行為改善……打完整家庭教育系統,培養孩子全面發展的實踐指南 / 于含冰 著. -- 第一版. -- 臺北市:崧燁文化事業有限公司, 2025.08
面; 公分
POD 版
ISBN 978-626-416-708-6(平裝)
1.CST: 親職教育 2.CST: 子女教育 3.CST: 家庭教育
528.2　　　　　　　114010638

電子書購買

爽讀 APP

發芽教育力,父母與孩子共同滋養的成長之道:父母類型分析 × 心理營養培育 × 偏差行為改善……打完整家庭教育系統,培養孩子全面發展的實踐指南

臉書

作　　者:于含冰
發 行 人:黃振庭
出 版 者:崧燁文化事業有限公司
發 行 者:崧燁文化事業有限公司
E - m a i l:sonbookservice@gmail.com
粉 絲 頁:https://www.facebook.com/sonbookss/
網　　址:https://sonbook.net/
地　　址:台北市中正區重慶南路一段 61 號 8 樓
8F., No.61, Sec. 1, Chongqing S. Rd., Zhongzheng Dist., Taipei City 100, Taiwan
電　　話:(02) 2370-3310　　傳　　真:(02) 2388-1990
印　　刷:京峯數位服務有限公司
律師顧問:廣華律師事務所 張珮琦律師

-版權聲明-

本書版權為盛世所有授權崧燁文化事業有限公司獨家發行繁體字版電子書及紙本書。若有其他相關權利及授權需求請與本公司聯繫。
未經書面許可,不可複製、發行。

定　　價:375 元
發行日期:2025 年 08 月第一版
◎本書以 POD 印製